VEIJARIYLIOPISTON KOURISSA JA POLITIIKAN MYRSKYISSÄ

Tämä kirjanen on protesti sellaista yliopistopolitiikkaa kohtaan, jossa vahvempi armottomasti jyrää heikomman, vaikka se olisi ristiriidassa valtakunnan kokonaisedun kanssa. Lue ja ihmettele! Äläkä unohda hymyä!

VEIJARIYLIOPISTON KOURISSA JA POLITIIKAN MYRSKYISSÄ

Jeremias Änkeröisen unikuvien perusteella muistiin merkinnyt

Unto Sinkkonen

Kustantaja: BoD - Books on Demand GmbH, Helsinki, Suomi
Valmistaja: BoD – Books on Demand GmbH, Norderstedt, Saksa
Taitto: Innogalore Oy
ISBN: 978-952-339-076-8

SISÄLLYSLUETTELO

VEIJARIYLIOPISTON KOURISSA JA POLITIIKAN MYRSKYISSÄ

Johdatusta

Tämä kertomus perustuu minulle öisin unissa ilmestyneen Jeremias Änkeröisen raportteihin hänen uskomattomista kokemuksistaan yliopisto- ja muussakin politiikassa ja havainnoistaan valtakunnan taloudenhoidosta tai paremminkin hoitamattomuudesta. *Painajaisunia* ne monelta osalta olivat, vaikka mielikuvitukselliset tapahtumat saivatkin minut usein suorastaan naureskelemaan. Onneksi hänen kertomansa temput ja juonittelut eivät sentään *todellisuudessa* ole mahdollisia. Vai ovatkohan? Sanotaanhan, että todellisuus on tarua ihmeellisempää...

Minä, Jeremias Änkeröinen

Nimeni on Jeremias Änkeröinen, tuttavien kesken Jere vaan, ja satunnaisten, korkin päälle astuneiden ohikulkijoiden mielestä "Parta-Jere". Mikäs siinä, lasten ja humalaisten suustahan totuuden kuulee. Olen syntynyt *savusaunassa* Riemumantsin saloilla, jossa meitä Änkeröisiä sikisi sotien jälkeen tiuhaan tahtiin. Alle kymmenen lasta oli pienperhe, meillä sentään kunnioitettavat kaksitoista. Niinpä yhteen aikaan meidän pesue, serkuilla vahvistettuna, muodosti lähes puolet kansakoulumme muonavahvuudesta. Helppoa elämä ei pienviljelijäperheessä ollut. Lähes uskomattomalta tuntuu, että sieltä metsän keskeltä pääsin oppikouluun. Ja koska koulunkäynti aina kotiolot voitti, niin opintie sujui sen verran luonnikkaasti, että yliopistojen ovet aukenivat niin kotimaassa kuin ulkomaillakin. Kielet olivat aina kiinnostaneet, ja niinpä yliopistollisen loppututkinnon ja näyteluennon jälkeen päädyin *vakinaiseen* opettajan virkaan Uusilinnan Kielineuvolaan.

Kielineuvolan synty

Kotimaani ompi...

Minä, Jeremias, synnyin siis Tuomenmaa-nimiseen valtioon. Polvihousuisena pulipäänä tuntui siltä, että se oli ankea kohtalo, mutta vuosien vieriessä maa vaurastui niin, että nykyään on tavaksi tullut sanoa: on *lottovoitto* syntyä Tuomenmaahan. Mutta miten mahtaa lastemme ja lastenlastemme lottoaminen sujua... Nimen alkuperästä eli etymologiasta on käyty kiivastakin keskustelua. Selvältä tuntuisi kuitenkin, että ensiksi mieleen johtuva selitys on ihan pätevä: Ympäri valtakuntaa kasvaa paljon tuomipuita, joiden valkoiset kukinnot levittävät ihanaa tuoksuaan keväisin. Puiden kunniaksi on sävelletty monta *romanttista* laulua ja niiden alla solmittu monituisia liittoja, joten maan asukkaille nimitys Tuomenmaa on monellakin tapaa ymmärrettävä ja läheinen. Muinaiskielten tutkijat kyllä väittävät, että nimi on kokenut aikojen kuluessa lukuisia äänteensiirroksia, dissi- ja assimilaatioita ja vasta maallikkojen suussa vääntynyt nykyiseen muotoonsa. Väitöskirjoja aiheesta syntyy edelleen tasaisin väliajoin, joten nimessä piilee varmaan jotain taikaa.

Maassa asuu ahkera ja työtä *kaihtamaton* kansa. Niinpä maanviljelyn rinnalle alkoi kehittyä monenlaista teollisuutta, myös ulkomaankauppaan panostavaa. Ennen pitkää havaittiin kasvava tarve henkilöistä, jotka pystyisivät edistämään vientiä ulkomaille – sanalla sanoen *kielitaitoista* väkeä. Aikaisemmin yliopistojen kieltenopiskelijat olivat joutuneet pänttäämään päähänsä muinaisaikojen kielimuotoja, koska sen sanottiin avartavan perspektiiviä ja koska niin oli tehty aina ennenkin. Siltä pohjalta pääsi kyllä oppikouluun opettajaksi, vaikka ei niistä lintuniittyjen valttereista eikä lutherien alkukielisistä teeseistä paljon iloa käytännön opetuksessa ollut. Nykykielioppia koulukkaiden päähän piti *jyystää*, ja sillä siisti.

Myyntioppia kielillä

Kielioppitermit eivät kuitenkaan riittäneet, kun piti yrittää myydä sahatavaraa, paperia tai vaikkapa metalliteollisuuden tuotteita kansainvälisille markkinoille. Piti löytää kieliammattilaisia, jotka *hallitsivat* kulloisenkin alan sanaston ja myös osasivat käyttää sitä suullisesti ja kirjallisesti. Oli perustettava sellaisia opinahjoja, jotka tekivät tämän mahdolliseksi. Näin syntyivät Kielineuvolat.

Sijoituspaikkakunnista syntyi tietenkin kova kilpailu. *Onnellinen* se kaupunki, joka sai tuollaisen modernin oppilaitoksen! Kielten oppimiseen sovellettiin aivan uusia linjauksia, ja painotus oli nimenomaan nykykielessä ja teollisuuden ja elinkeinoelämän tarpeissa. Vaikka viikingit olivat kovia "kauppamiehiä", niin ei enää heidän kielellään – eikä muuten varsin krouveilla menetelmilläkään – voitu asioida nykymarkkinoilla. Opiskelijoistakin oli ihanaa panostaa kaikki tarmonsa elävään kielitaitoon ja valmistumisen jälkeen päästä hyödyntämään sitä työelämässä.

Onni oli *potkaissut* Uusilinnaa – se oli kovan väännön jälkeen saanut Kielineuvolan. Tämä laitos oli opettajan unelmatyöpaikka, ja sinne minä, Jeremias Änkeröinen, pääsin mukavien työtoverien – eli akateemisella kielellä *kollegoiden* – kanssa ahkeroimaan. Koska opinala oli uusi, niin työtä riitti uskomattomat määrät: Ei ollut valmiita oppikirjoja eikä äänitemateriaalia, vaan kaikki piti kehitellä työkavereiden kanssa yhteistyössä itse. Mutta opiskelijat olivat niin mukavia ja työintoisia, että heidän vuoksensa kyllä haluttiin tehdä kaikki mahdollinen. Kerroin rehellisesti olevani aivan uusien *haasteiden* edessä, mutta sain parhaan mahdollisen rohkaisun: Kyllä me yhdessä selvitään!

Ja niin selvittiinkin. Työilmapiiri oli pitkälti laitoksemme hyvän johtajan vaikutuksesta luottamuksellinen ja suorastaan inspiroiva. Sitä ihaili moni uutena opettajana tai sijaisena aloittava kollega. He eivät olleet missään tavanneet sellaista *yhteishenkeä.* Yksi selittävä tekijä oli varmaan oppilaitoksessa vallinnut tasa-arvo: Kaikki olivat samanlaisessa opettajan virassa, joten yliopistoille tyypillinen arvohierarkia ja siten myös kyynärpäätaktiikka oli tuntematon käsite. Työtä tehtiin hartiavoimin (jos nyt henkisestä työstä näin voi sanoa) ja *pioneerihengessä*. Oltiinhan luomassa jotakin uutta. Loppukokeissa sitten opiskelijat osoittivat taitonsa ja siirtyivät työelämään. Valmistumisprosentti lähenteli sataa; jos joku koe ei heti mennyt läpi, niin sen sai uusia.

Muutoksen tuulet

Tätä onnea kesti monta vuotta. Mutta sitten alkoivat akateemisessa maailmassa puhaltaa muutosten tuulet. Todettiin että Kielineuvoloista kyllä valmistui pätevää väkeä, mutta että heidän tutkintonsa oli niin sanotusti umpiperä – siitä ei voinut halutessaan jatkaa korkeampiin tutkintoihin, eikä se siten sopinut *akateemiseen* järjestelmään. Meiltähän puuttui arvohierarkiakin, jossa toinen on ylempänä toista. Olimme ilmeisesti kouluttaneet virheellisellä tavalla, vaikka työelämä oli tyytyväinen; väärin sammutettu?

Mikä neuvoksi? Korkeammalta taholta eli ministeriöstä annettiin ymmärtää, että Kielineuvoloiden piti järjestäytyä osaksi normaalia akateemista maailmaa (eli sanottaisiinko hienosti: establishmenttiä). Valittavana oli lähinnä kaksi tietä: uusi ammattikorkeakoulujärjestelmä tai perinteinen yliopistolaitos. Varsinkin yliopistoihin liityttäessä koulutuksen rakenne ja opetusohjelmat menisivät uusiksi: niihin tulisi painokkaasti mukaan *tieteellinen* elementti ja hajamieliset professorit, käytännönläheisyyttä toivottavasti kuitenkaan unohtamatta.

Henkilökunnan keskuudessa alkoi vilkas pohdinta. Ammatti-korkeakouluajatuksella oli omat kannattajansa (sehän korosti käytännönläheistä, soveltavaa koulutusta, joka oli juuri Kielineuvoloiden profiili), mutta se linja ei johtaisi *korkeampiin* tutkintoihin, lisensiaatiksi ja tohtoriksi. Näin ollen yliopistoon liittymisajatukset voittivat. Minä, Jeremias, muistelin vähän pahaenteisesti omaa, vuoden kestänyttä yliopistouraani assistenttina. Yksinkertaistetusti yliopistohierarkiaa voisi kuvata seuraavasti: professori on kunkku, lehtori on jotain, assistentti ei mitään. Tämähän tarkoittaa tietysti sitä, että assistentti haluaa tulla joksikin, lehtori kunkuksi, ja miten se onnistuu tai epäonnistuu, niin siitä voisi kirjoittaa vähintäänkin yhden kirjan. Keinoina ovat kyynärpäätaktiikka ja niin moninaiset liittolaissuhteet, että jopa poliittiset taistelut kalpenevat sen rinnalla. Olin siis lievästi sanottuna *huolestunut* uusista suunnitelmista. Kunhan toiminta ei vain menisi liian teoreettiseksi, jalat tukevasti ilmassa. Hupaisana yksityiskohtana voin kertoa, että Länsi-Tuomenmaan maaseudulla assistentti-tittelini työnkuvaan arveltiin kuuluvan keinosiemennys.

Miten kielineuvola houkuteltiin Joenmutkan yliopistoon

Kun Joenmutkan yliopiston edustajat saivat vihiä Kielineuvolan päätyneen yliopistoratkaisuun, alkoi kova lobbaus. – Olemmehan molemmat kehitysalueiden laitoksia, siispä meidän täytyy *yhdistää* voimamme. Tervetuloa neuvottelemaan yliopistolle! Tällä tavoin hyvä rehtori vetosi solidaarisuuteemme.

Niinpä sitten lähdettiin keskustelemaan pääkallonpaikalle, Joenmutkaan Pohjois-Kurjalaan, minä, Jeremias Änkeröinen mukana. Kielten osaston neuvotteluhuoneessa vastaanotto ei kuitenkaan ollut niin sydämellinen kuin hyvän rehtorin puheet olivat antaneet ymmärtää – pikemminkin päinvastoin. Osaston professorit olivat hyvin huolissaan omien määrärahojensa kohtalosta, jos laitokseen tulisi uusi jäsen mukaan. Kovin vastarinnan kiiski suorastaan *mylvi* vastalauseitaan naama punaisena, niin että hyvällä rehtorilla oli täysi työ hänen rauhoittelemisessaan. Vetoaminen voimien yhdistämisen tuomiin etuihin esimerkiksi yliopiston painoarvon kasvulla Opastusministeriön silmissä (mm. odotettavissa olevien maisterin ja tohtorintutkintojen lisääntymisen muodossa) sai osaston useimmat vaikuttajat kuitenkin kallistumaan yhdistymisen kannalle. Meillä taas oli pakkorakonen, kun entisellä hyvällä mallilla ei voinut jatkaa. Itse jäin kuitenkin aprikoimaan pienen laitoksemme tulevaisuutta, jos "yhteistyöhenki" on ensi tapaamisen kaltainen. Olisikohan pitänyt pyytää *kilpaileva* tarjous jostain muusta yliopistosta? Näinköhän lähdettiin *veijarien* matkaan?

Myöhemmin sovittiin arvovaltaisen rehtorin johdolla käytännön yksityiskohdista, mm. osallistumisesta yhteisen osastomme hallintoon, mikä vaati meiltä matkailua tiettyihin kokouksiin. Ajan mittaan se ilmeni kannaltamme elintärkeäksi, ettei vaikkapa meitä koskevia budjettiasioita päätettäisi kokonaan päämme ylitse. Tiukassa paikassa tosin vaikutusmahdollisuudet paljastuivat lähinnä *teoreettisiksi*, koska äänestysvoimamme oli suunnilleen yksi kymmentä vastaan. Kuitenkin saimme silloin tällöin lehtorikollegat kannattamaan omia ehdotuksiamme, kunhan vain olimme miettineet perustelut ennakolta hyvin huolellisesti. Kuherruskuukausi jäi silti varsin lyhyeksi. Edustajamme tunsivat pikemminkin olevansa menossa *leijonien* luolaan kokoushuoneeseen astuessaan.

Kielineuvolan tuho

Hyökkäysketju liikkeellä

Parikymmentä vuotta oli kulunut Joenmutkan yhdistymisneuvotteluista (ne vuodet jääkööt unohduksen helmaan), kun kolme tummapukuista miestä kipusi Uusilinnassa mäenrinnettä ylöspäin, pyyhki hikeä otsaltaan ja noitui kulkiessaan. – Pitikö niiden se laitoksensa tänne mäelle pykätä! Kuumahan tässä kivutessa tulee, vaikka on jo syyskuu hyvässä vauhdissa. Onneksi täällä ei tarvitse enää monta vuotta rampata. – Niin, kerrotaan uutiset *äkkirysäyksellä*, että hämmästyvät eivätkä keksi hyviä vastaväitteitä, sanoi joukon mahakkain mies. Kaikista kyllä huomasi, että Kurjala-olutta oli terasseilla tullut maisteltua tiuhaan tahtiin. Vatsa roikkui messevästi vyön päällä, ikään kuin nykytuomenmaalaisen miehen tavaramerkkinä ja hyvinvoinnin tunnuksena.

12

Miehet olivat Joenmutkan yliopiston (JomY:n) edustajia, Tuomenmaavaltiomme reippaita poikia. He olivat saaneet yliopistonsa hallitukselta epämieluisan tehtävän kertoa Uusilinnan kielineuvolan henkilöstölle uutisen laitoksen *siirtämisestä* pääkallonpaikalle Joenmutkaan. Perusteluita oli mietitty vuosikausia miehissä ja naisissa, ja nyt oli päätetty antaa armonisku. Oli vähän pakkokin, niin heikosti pääpaikan kieltenosastolla systeemit pyöri. Eikä ihmekään: Oli alunpitäen valittu väärät aineet, eivätkä ihan teräväpäisimmät tieteilijätkään olleet halukkaita lähtemään periferiaan – Joenmutkaan, kauas rinkikolmosesta. Mutta kun piti äkkiä polkaista pystyyn yliopisto ja kielten laitos, olihan opastusministeri aluepoliittisista syistä sellaiseen rahat myöntänyt. Siihen hätään ei löytynyt kuin yksi *hajamielinen* muinaiskreikan dosentti ja hänelle kumppaniksi kirkkoslaavin lisensiaatti.

Eivät nuo aineet kovin *vetäviä* olleet, opiskelijat niitä vieroksuivat, kun työnäkymät eivät olleet kummoiset. Kreikan kielestä oli sentään se muinaisosa jätetty pois, dosentti oli lomillaan opetellut nykykieltä, joten laitoksen tuotokset, harvalukuiset maisterit saattoivat hakea vaikkapa matkaoppaiksi, jos olivat älynneet käydä kieliharjoittelussa tuossa kauniissa maassa. Kirkkoslaavikaan ei ihmeellisiä työnäkymiä tarjonnut: Jos otti sivuaineekseen ortodoksisen teologian, niin papin paikkoja saattoi löytyä itäisestä Tuomenmaasta ja erityisesti naapurimaasta Sipirjasta. Tämäkin koski ymmärrettävästi lähinnä vain miesopiskelijoita, koska parrankasvun toivottiin olevan *rehevä* ja äänen bassovoittoinen, muuten sai tyytyä lähinnä laajan maan kylmimpien osien pikkuseurakuntiin.

Niinpä katseet olivat kääntyneet Joenmutkan yliopiston alaiseksi houkuteltuun Uusilinnan Kielineuvolaan, jossa harrastettiin nykykieliä ja opiskelijat valmistuivat pikatahtia lähinnä elinkeinoelämän palvelukseen. Heidän valmistumislukunsa komistivat JomY:n kieltenosaston ansiolistoja, kun ministeriöltä anottiin jokavuotisia määrärahoja. Oli tuosta haaraosastosta kyllä muitakin etuja: Sinne voi tehdä sopivin väliajoin *virkamatkoja* hyvin päivärahaeduin, yöpyä mukavassa hotellissa ja käydä *torstaisin* naistentansseissa. Kun pisti vyön kireälle ja sai pikkutakin napit sormiteltua kiinni, niin kyllä etupainoisiakin miehiä haettiin vilkkaasti, varsinkin jos tukka oli tallella. Ja kyllä Kurjalan pojat osasivat supliikkia hoitaa: – Käykö neiti useinkin täällä… ja sitä rataa. Näin ollen tarpeelliset ja tarpeettomat kokoukset pidettiinkin lähinnä torstaisin.

Nyt oltiin kuitenkin tosipaikan edessä. Ikävät uutiset piti kertoa *vieraskentällä*, melko varmasti vihamielisessä ilmapiirissä. Onneksi joukon paksunahkaisin edustaja, yliopiston hillintäpäällikkö, oli entinen Joenmutkan Jullien (JoJu:n) jääkiekkojoukkueen luottopuolustaja, oikea luunmurskaaja, joka viisikymmentä kiloa sitten oli tottunut yleisön hävyttömiinkin huuteluihin. Ja pahin *vastustaja* noina aikoina oli ollut Uusilinnan Pollekerho (UPoKe), joten hampaankoloon oli jäänyt jotain jo niiltä ajoilta. Seuran nimi johtui siitä, että paikkakunnalla harrastettiin vahvasti myös hevosurheilua. Jos ei kiekkoilijan ura lähtenyt lentoon rahajäille, niin voi kavuta ravirattaille tai pollen selkään estehyppelyihin. Ex-puolustaja muisteli, että Uusilinnan hävyttömät isännät tapasivat kovimmilla pakkasilla lämmittää vierasjoukkueen pukukopin saunalämpötilaan, josta sitten hikiset pelaajat ulkojäälle tultuaan lähes jäätyivät pakkasessa, ja moni sai vaivakseen kroonisen eturauhastulehduksen. Mutta nyt oltiin liikkeellä muissa asioissa.

Yllätyskokous

Me Uusilinnan Kielineuvolan opettajat ja toimihenkilöt istuimme uuden laitoksemme auditoriossa *pikaisesti* kokoon hälytetyssä kokouksessa. Aihe oli meille tuntematon; tiesimme vain, että Joenmutkasta tulee tärkeitä miehiä kertomaan uutisia.

Auditorioon vyöryikin juuri sovittuun alkamisaikaan kolme miehenjärkälettä. Jo heidän massiivinen olemuksensa herätti kunnioitusta, puhumattakaan tuimista ilmeistä.   Hillintäpäällikön tunnistin heti jo vanhastaan jääkiekkoajoilta. Sen verran olin joutunut hänen kanssaan tekemisiin myös laitostemme yhteisissä suunnittelupalavereissa, että tiesin hänen *jyräävän* armottomasti, jos mahdollista, tahtonsa läpi asiassa

14

kuin asiassa. Hän oli siis siirtynyt puolustajasta *hyökkäysketjuun.* Vastaväitteet valuivat hänen panssaristaan alas kuin vesi hanhen selästä, mahtoiko niitä edes kuunnella. Kerran olimme esimerkiksi sopineet Joenmutkan kollegoiden kanssa virallisessa kokouksessa tietystä opetuksellisesta erityisjärjestelystä, joka sopi meidän laitoksemme toimintaan, mutta oli vieras JomY:n käytännöille. Esittelijän kunnialle ei kuitenkaan sopinut kokouksessa kärsitty tappio. Niinpä hän pinkaisi vielä illan hämyssä rehtorin puheille, joka valtuuksillaan kumosi yksimielisesti hyväksytyn päätöksen.

Tänään puhujapönttöön astahti ensimmäiseksi itse JomY:n rehtori, lipeväkielinen byrokraatti. – Hyvät ystävät, hän aloitti kakistellen kurkkuaan. – Ehkä ihmettelette, miksi teidät on kutsuttu kiireellisesti koolle. Tilanne on se, että tulosneuvottelut Opastusministeriön kanssa painavat päälle. Siellä seurataan silmä kovana erityisesti ns. *maakuntayliopistojen* toimintaa ja vaaditaan uudistuksia ja päällekkäisyyksien karsintaa. Olemmekin yliopistomme hallituksessa vastentahtoisesti joutuneet tekemään vaikean päätöksen, jota on pohdittu vuosien mittaan jo moneen kertaan. Se tarkoittaa Uusilinnan Kielineuvolan siirtämistä Joenmutkaan. Sillä tavoin saadaan koottua voimat paremmin yhteen, karsittua kustannuksia ja toimintaa *tehostetuksi.*

– Mutta eihän se ole mahdollista noin vain ilmoitusasiana, parkaisin minä, Jeremias, yleisön joukosta. – Jo ET-lakikin (eli *Erotustoimintalaki*) kieltää sellaisen menettelyn. Tarvitaan vähintään kolme kokousta, joissa asiaa on käsitelty. – Ne kokoukset on pidetty, totesi rehtori. – Jos tieto ei ole tänne kulkenut, niin se on teidän ongelmanne.

Seurasi ällistynyt hiljaisuus. ET-neuvotteluilla oli tunnetusti pahaenteinen maine. Työntekijäpuolella oli yritetty lain muodossa saada parenneltua vanhaa käytäntöä, jossa työnantaja pystyi antamaan oikopäätä lähtöpassit siitä vain ilmoittamalla. Uuden erotustoimintalain mukaan se ei enää noin vain käynyt, vaan tarvittiin vähintään kolme yhteistä kokousta, joissa *yhdessä* pohdittaisiin erilaisia ratkaisuvaihtoehtoja. Vasta sitten irtisanominen tai toimipaikkojen siirto oli sallittua. Nythän tuo yhteinen mietintä ei ollut toteutunut lain hengen mukaan. Meille vain saneltiin muualla tehty päätös. Lain synnystä kierteli muuten sellainen huhupuhe, että työnantajien edustajat olivat olleet sukeltelemassa Punaisessa meressä koralleja ja värikkäitä kaloja ihailemassa ja kuulleet paikallisesta avioerokäytännöstä. Miehen ei tarvinnut muuta kuin sanoa kolme kertaa vaimolleen: – Minä eroan sinusta, niin asia sai lain voiman. Oli miten oli, ET-lain käytännössä kyllä tuntui olevan samoja piirteitä.

Joku rohkea tyrmistyneestä joukosta kysäisi: – Mitenkäs sitten meille *työntekijöille* käy? Monella meistä on omakotitalo rannalla ja muikkuverkot ulkovaraston seinustalla kuivumassa. Voiko Joenmutka tarjota mitään vastaavaa? – Se on vain järjestelykysymys, puuttui puheeseen hillintäpäällikkö. – Kyseeseen tulee joko paikkakunnan vaihdos tai sitten esimerkiksi alkuvaiheessa pendelöinti työ- ja asuinpaikan välillä. Lukukausien aikana kalastushaluisille kyllä löytyy turisteilta vapaaksi jääneitä rantamökkejä. Eikä ole vaaraa joutua luonnonsuojelijoiden kanssa ongelmiin, kun vesistöissä ei ole käytännöllisesti katsoen lainkaan norppia. – Entäs sitten liittymissopimuksen pykälä, jossa todettiin, että Kielineuvolan *sijaintipaikka* on Uusilinnan kaupunki? – Se oli sen hetken tilanne, mutta eivät moiset lausumat ikuisesti sitovia voi olla, ärjähti yleisön joukkoon soluttautunut Joenmutkan pykälätieteen professori. – Asia on tarkistettu moneen kertaan Opastusministeriön juristeilta. "Juristen sind schlechte Christen" (eli: juristit ovat huonoja kristittyjä), muistui mieleeni germaanikollegoiden puheenparsi. Niinhän sitä sanotaan, että he osaavat muuttaa mustankin valkoiseksi ja menot tuloiksi tai päinvastoin. Ei mahdu millään maalaisjärkeen. Tähän palataan vielä.

– Käytännön kysymyksistä neuvotellaan vielä monet kerrat, joten ei syytä huoleen, totesi puolestaan kolmas mies, kielten osaston johtaja, myös harmaaksi eminenssiksi mainittu. Hyvää tässä järjestelyssä on myös se, että *työpaikat* sentään säilyvät. Näin syntyy myös laajempi ja virikkeellisempi tiedeyhteisö. – Palaveri on päättynyt, totesi rehtori. Tarjoamme kaikille läsnäolijoille *täytekakkukahvit* laitoksenne ruokalassa.

16

Kuohuntaa ja jälkipeliä

Me *siirrettävät* olimme kuin puulla päähän lyötyjä. Näin helpollako voidaan poimia rusinat pullasta ja muuttaa kokonainen laitos toiselle paikkakunnalle, kun omat eväät ovat vähissä? No mennään silti kahville, etenkin kun ruokalan emännän täytekakut olivat kovassa maineessa koko Uusilinnassa. Ja laatu oli pysynyt entisellään, mutta tunnelma oli muulta osin jäätävä, eivätkä joenmutkalaisten puujalkavitsit ja yhteistyöturinat jaksaneet ketään innostaa. Onneksi he älysivät kohtuullisen pian perääntyä työsuhdebemarilleen ja painua lounaalle Kurjalan kievariin.

Alempi henkilöstö kokoontui kuin yhteisestä sopimuksesta vapaana olevaan luokkahuoneeseen vähän *selvittelemään* ajatuksiaan. Kokouksen henki oli, että moinen touhu ei voi olla laillista ja että tätä ei purematta niellä. Laitoksen professorit ja muut tutkijat eivät tulleet mukaan. Tätä ihmeteltäessä joku keksi syyn: – Eiväthän he voi vaarantaa urakehitystään rupeamalla vikuroimaan *esimiehiään* vastaan. Yliopiston johtoporras on ylen herkkähipiäistä ja näissä asioissa niillä on norsun muisti. Ne voivat valita väitöstilaisuuksiin epämiellyttävät opponentit ja professorin vaaliin hankalat lausunnonantajat. Ounastelu osui ilmeisesti melko lailla kohdalleen, sillä tutkijaporras oli jatkossakin hiljaa. – Ei meillä rivityöntekijöillä ole mitään pelättävää, niin suuria virkavirheitä me tuskin pystymme tekemään, että erottaminen tulisi kysymykseen, totesi laitoksemme luottamusmies. Sovittiin perustettavaksi oppositiohenkinen *työryhmä*, johon kaikki halukkaat voisivat osallistua.

Työpalavereita pidettiinkin ahkerasti, tietysti omalla ajalla, ja etsittiin *perusteita* yllättävän siirtopäätöksen kumoamiseksi. Ensinnäkään ET-(Erottamistoiminta-)lain kirjainta ja henkeä ei ollut noudatettu, kun vain marssittiin yllättäen kokoukseen ilmoittamaan, että nyt teidät siirretään. Lain mukaan piti järjestää yhteisiä kokouksia, joissa mietittäisiin erilaisia *ratkaisuvaihtoehtoja.* – Meidän mielestämme tämä on selvä lain rikkomus, mutta sanktiot eli seuraamukset ovat niin hampaattomat (huomautus tai korkeintaan varoitus), että eivät ne tätä argumenttia pelkää, totesi luottamusmies.

17

Todettiin että meillä on Joenmutkan kanssa selvä sopimus profilaatiosta eli *erikoistumisesta*: Täällä koulutetaan kääntäjiä ja tulkkeja, siellä puolestaan kielten opettajia. Tätä ne jankkasivat jo liittymisvaiheessa, ja meillehän se sopi. Tosin jotkut opiskelijamme ovat kiinnostuneet myös opetustyöstä ja hakeneet täydentämään opintojaan siltä osin Joenmutkaan. Siitäköhän ne ovat suivaantuneet? Eivät ainakaan aluksi millään halunneet myöntää jatko-opinto-oikeuksia. Kilpailua varmaan pelkäsivät.

Entäs sitten liittymissopimuksen pykälä, jossa todettiin että Kielineuvolan *sijaintipaikkakunta* on Uusilinna? Selvää tekstiä, tätä erityisesti painotetaan. Myös opiskelija-asunnoista ja opetustiloista tiedettiin Joenmutkassa olevan kova pula. Niinpä näistä ja monista muista perusteista tehtiin kohtalaisen *muhkea* mietintö, joka toimitettiin Joenmutkaan, Opastusministeriöön ja muille asiaan liityville tahoille. Minkäänlaista palautetta ei saatu. Viimeisenä keinona työryhmä teki valituksen valtakunnan korkeimmalle lainvartijalle, joka monien lausuntopyyntöjensä jälkeen julkaisi päätöksen: Siirtoasiassa ei voida todeta toimitun lainvastaisesti. – Pitäisiköhän valittaa EU-tuomioistuimeen tai johonkin muuhun kansainväliseen instanssiin? tuumi luottamusmies. – Jos siellä ymmärrettäisiin, että kun sijaintipaikka on määritelty sopimuksessa, niin sen täytyy myös pitää, kieroili sitten joku pykäläprofessori miten haluaa.

Työryhmä oli todella *hämmentynyt*, ei käy Matti eikä Maija Meikäläisen järkeen, mutta mitään enempää ei voi Tuomenmaassa tehdä. Loppu, slut. Saatamme sentään harrastaa pientä kansalaistottelemattomuutta, eli osallistua mahdollisimman passiivisesti yhteistyökokouksiin ja erityisesti kieltäytyä juomasta joenmutkalaisten kanssa veljenmaljoja. Sen sijaan tyhjennetään isäntien kurjalanpiirakkavadit ja pannaan paksusti munavoita päälle.

Opiskelijat olivat *tyrmistyneitä* asioiden saamasta käänteestä. He järjestivät laitoksemme aulaan mielenosoitustapahtuman, happeningin, banderolleineen ja protestitauluineen. He toistivat kuorossa rytmikkäästi:

– Me-ei-mennä-Joenmutkaan, me-ei-mennä-Joenmutkaan! Siellähän-kuolee-kutkaan. Ennen-vaikka-putkaan! Yhteishenki oli vahva, tukea ja kiitosta tuli koko henkilökunnalle spontaanisti. Olisikin mielenkiintoista tietää, miten moni löysi paikkansa jostain muualta. Siinäpä sosiaalitieteilijöille oiva tutkimusaihe, mieluiten jonkin puolueettoman tahon tekemänä!

Niin siinä sitten kävi, että mitkään ponnistelut eivät auttaneet, vaan kielten koulutus siirtyi kokonaan Joenmutkaan. Vasta jälkeenpäin – liian myöhään – ihmettelimme, mihin *lakipykälään* siirto oikein perustui, kun uusi yliopistolakikaan autonomioineen ei silloin ollut vielä voimassa.

Joenmutkan yliopiston synty

Tässä kohdin minä, Jeremias, voisin raportoida taustatutkimuksistani ja muistikuvistani, miten Joenmutkan yliopisto ylipäänsä oli syntynyt. *Ylipäänsä*, todellakin. Syntyhistoria oli suorastaan päätähuimaava.

Itäisessä Tuomenmaassa vallitsi toisen maailmansodan jälkeen kova *opettajapula*, jota torjumaan Uusilinnaan perustettiin opettajaseminaari. Vuotta myöhemmin sellainen perustettiin myös Joenmutkaan, syntyi siis *pikkuveli*. Uusilinna piti uudesta opinahjostaan huolta kuin silmäterästään, ja sieltä nousi koko valtakunnan kannalta merkittäviä henkilöitä: maailmankuulu oopperalaulaja, maan paras pesäpalloilija, värikäs jääkiekkovalmentaja ja -hallintomies, vain muutamia esimerkkejä mainitaksemme. Opettajapula alkoi poistua, kun päteviä kansankynttilöitä valmistui tasaiseen tahtiin. Pikkuveljen meriiteistä en ollut pystynyt tekemään erityisiä havaintoja.

Veljesten kesken vallitsi aika lailla normaali kilpailutilanne, kunnes Joenmutkaa kohtasi tavaton *onni:* sen vaatimaton seminaari ylennettiin korkeakouluksi – kuin Tuhannen ja yhden yön sadussa! Sentraalipuolueen opastusministeri oli nähnyt tilaisuuden tulleen ja halusi perustaa itäiseen Tuomenmaahan korkeakoulun (*aluepoliittisista* syistä, ei yleisistä syistä, joihin hänen uransa myöhemmin taisi kompastua), koska siellä oli tämän tason koulutuksessa ammottava aukko. Sijaintipaikasta alkoi raju kilpailu; mukana olivat niin Uusilinna kuin Joenmutkakin, molemmat opettajaseminaaripaikkakuntia. Jotta mahdollisimman harva olisi *pahoittanut* mielensä, neuvokas ministeri teki Salomonin tuomion ja jakoi korkeakoulun kolmelle paikkakunnalle: Vilmanrantaan, Kalavedelle ja Joenmutkaan. Uusilinna jäi siis mopen osalle. Liekö maakunnan nimi (Pohjois-Kurjala) herättänyt sääliä ja kääntänyt tunteet Joenmutkan hyväksi? Vanhat yliopistot pitivät joka tapauksessa moista hajauttamista nahkapäätöksenä, joka ei luvannut ruusuista tulevaisuutta heidän mielestään kovin heiveröisiksi jääville kolmelle uudelle opinahjolle.

Uudet, tarmokkaat ministerit tarvitsevat tunnetusti näyttöjä osaamisestaan, ja kun heillä on käytössään auliit virkamiehet, niin hyväpä on ruveta uusia lakeja laatimaan. Opettajaseminaarit alkoivat kalskahtaa vanhanaikaisilta (jotkut sotkivat ne jopa pappisseminaareihin tai viikonlopun kestäviin kaiken maailman happening-seminaareihin), joten ne päätettiin instituutioina lakkauttaa ja liittää jonkin korkeakoulun (myöhemmin: yliopiston) osaksi. Jos paikkakunnalla ei ollut omaa korkeakoulua, niin seminaarit (uudelta nimeltään Opettajankoulutuslaitokset eli OKL:t) liitettiin pääsääntöisesti lähimpään korkeakouluun. Niinpä Uusilinnan kohtaloksi koitui päästä (joutua?) Joenmutkan tuliterän korkeakoulun, entisen pikkuveljen, elimelliseksi osaksi, *filiaaliksi*, joka kuitenkin sijaitsi entisellä paikka-kunnallaan. – Tuttua porukkaa, eiköhän niiden kanssa pärjätä, tuumailtiin Uusilinnassa, pahaa aavistamatta, vaikka Perhe on pahin –sarja pyörikin TV:ssä tuohon aikaan.

Jotta niin sanotut tiedekorkeakoulut erottuisivat niitä nuoremmista ammattikorkeakouluista, ylennettiin myös Joenmutkan korkeakoulu yliopistoksi, siitä noin vain! Sama laitoshan se oli kuin ennenkin, mutta uusi titteli kuulosti paljon hienommalta. Korkeakoulun/yliopiston runkona oli vanha opettajaseminaari, Uusilinnan pikkuveli, jonka *lisukkeiksi* ryhdyttiin innolla haalimaan muita oppiaineita. Ja kyllähän

20

viime vuosituhannella rahoja riitti (minne ne nyt ovat kadonneet, wo sind sie geblieben?), ja uusiin opetusvirkoihin myönnettiin valtion budjetista vuosittain *hulppeat* määrärahat.

Joenmutkan yliopiston esittelyä

Niinpä Joenmutkaan *haalittiin* kaikki saatavissa olevat alat teologiasta kauppatieteisiin, humanistisista aineista pykäläoppeihin (astrologia ja scientologia kuitenkin jäivät vielä puuttumaan). Ei ehkä ajateltu tarkemmin, onko paikkakunnan vetovoima riittävä tarvittavien opiskelijamäärien houkuttelemiseksi. Mahdollinen Akilleen kantapää siis. Eikä kukaan osannut ennakoida valtion rahoituksen *ehtymistä;* tutkimattomat ovat pankkien, pörssimaailman ja taloudellisen liberalismin tiet...

Hajasijoituksen suurin voitto ja yksi sen harvoista menestystarinoista oli *Risutieteen* laitoksen siirtäminen pääkaupunkiseudulta Joenmutkaan, kovan kamppailun jälkeen tietenkin. Se antoi uutta ryhtiä nuoren yliopiston toiminnalle. Niinpä siitä kannattaa kertoa hiukan tarkemmin.

Yliopiston silmäterä

Joenmutkan yliopiston kruununjalokivi on siis Risutieteen laitos, maan paras ja ainoa sellainen. Nimi ei ehkä maallikosta kuulosta kovin kummoiselta, mutta mitäpä maallikot huippututkimuksesta ymmärtäisivät. Laitoksen saaminen yliopistoon oli äärimmäisen tärkeä asia, ja tuloksena hyvin perustelluista järkisyistä (siihen aikaan vielä järkisyitä kuunneltiin). Ei tietenkään ollut helppoa saada siirtopäätöstä pääkaupunkiseudulta susirajalle, niin kuin siellä etelässä halventavaan sävyyn niitä seutuja kutsuttiin. Mutta perustelut olivat vankat, ja vallan kahvassa ollut Sentraalipuolue saatiin hankkeen taakse.

Valttikortteina prosessissa olivat siis sanat *hajasijoitus* ja *aluepolitiikka*. Nämä asiat olivat olleet puolueen painopisteinä jo kymmeniä vuosia.

21

Hyödyttihän se heidän äänestäjäkuntaansa maakunnissa ja tuntui omilla aivoillaan ajattelevista muidenkin puolueiden äänestäjistä järkevältä toimenpiteeltä koko valtakunnan kannalta. Ja olihan koko maakunta-yliopistojen synnyttäminen perustunut tähän ajatteluun. Pääkaupunki oli turvonnut liian suureksi, liikenne oli ruuhkaista ja asuntojen hinnat hipoivat taivaita. Miten siellä yliopiston palkoilla nuoret tutkijat tulisivat toimeen, ellei heillä olisi taustatukenaan vahvaa teollisuussukua tai ruotsinsuomalaista aristokratiaa. Ja risutiede oli uusi tieteenala, joka veti nuoria, maaseututaustaisia tutkijoita puoleensa. Joenmutkassa asuntojen hinnatkin olivat siihen aikaan vielä siedettäviä.

Toinen painava syy siirtoon oli, että *tutkimuskohteet* olivat aivan lähellä, olihan maakunta väärällään risua puskevia pakettipeltoja. Etelässä taas piti lähteä oikein retkeilemään sopiviin kohteisiin, majoittua leirikeskuksiin ja pitää siellä workshoppeja eli työpajoja, mikä teki aikamoisen loven laitoksen matka- ja päivärahoihin. Uudessa Joenmutkan laitoksessa taas tieteilijät saattoivat jo työmatkallaan (varsinkin jos suorittivat sen ekologisesti polkupyörällä tai jalan) taittaa risun sieltä, toisen täältä ja viedä ne työpöydälleen mikroskooppiseen tarkasteluun. Samalla he pääsiäisen alla saivat hankituksi perheen pienimmille *virpomavitsojen* ainekset.

Huipputukimusta

Mittavia *tuloksia* saatiinkin jo toiminnan alkuvuosina: Useissa väitös-tutkimuksissa pystyttiin todistamaan, että kuivat risut paloivat nopeammin kuin kosteat ja että ne aiheuttivat siten huomattavasti vähemmän ilman saastumista ja pienhiukkaspäästöjä (merkittävää ilmastonmuutoksen torjunnan kannalta!). Erityisesti ilmiö oli havaittu juhannuskokkoihin kohdistetussa syventävässä tutkimuksessa, mikä johti toiminnan uudelleenorganisoimiseen koko valtakunnassa. Keväällä leikattujen pensasaitojen jätteitä ei enää saanut raahata kokkoihin, vaan vanhojen puuveneiden sytykkeiksi piti olla *ylivuotisia* risuja. Tämän valvonta tietenkin aiheutti palotarkastajille ylimääräistä työtä ja päänvaivaa, mutta saipa moni uusi tarkastaja sen tiimoilta mukavan ja varman työpaikan.

22

Ja työllisyyden tukemistahan nykytutkimuksilta vaaditaan, konkreettisia, käytäntöön sovellettavia tuloksia.

Pientä murhetta Risutieteen laitokselle aiheuttivat kuitenkin ministeriön uudet vaatimukset, jotka edellyttivät tutkimustulosten olevan paitsi kansallisella tasolla hyödynnettäviä (senhän oli jo juhannuskokkotutkimus taannut) niin myös soveltuvuutta tieteenalan kansainvälisiin julkaisuihin ja *globaaliin* käytäntöön. Ikävä kyllä, muun muassa Anglomaassa tutkijamme olivat kohdanneet vaikeuksia, koska siellä puutarhoja ja maisemaa hoidetaan niin huolella, että pieninkin haitallinen verso kiskotaan irti juurineen jo heti kättelyssä (meille hyödyllisiä risuja ei siis niin vain kehity), ja juhannuskokkoperinnekin on sikäläisille outo. Niinpä Joenmutkan ekspertit saivat tyytyä kansainvälisissä seminaareissa varsin *vähälukuiseen* kuulijakuntaan, eivätkä anglotutkijat lainkaan halukkaasti tarttuneet yhteistyötarjouksiin, vaan kohteliaasti ilmoittivat joutuvansa valitettavasti kiirehtimään kello viiden teelle tai kohta alkavaan jalkapallo-otteluun.

Kansainvälisistä kokemuksista viisastuneina JomY:n tieteilijät pyrkivätkin laajentamaan tutkimusalaansa myös vahvempiin puuvartisiin kasveihin, jopa poikkitieteellisiin projekteihin eläintieteilijöiden ja biologien kanssa. Lupaavia alustavia tuloksia onkin jo saatu Euroopan Unionin (EU:n) rahoittamasta hankkeesta, jossa tutkitaan *jänisten* ruokailutottumuksia. Näyttäisi siltä, että jänöjussit herkuttelevat mieluummin haavankuorilla kuin männynkaarnalla, mikä lupaa hyvää tulevaisuutta Tuomenmaan sahateollisuudelle. Tukkipuut saavat kasvaa rauhassa jänöjen herkutellessa haavikoissa, mikäli JomY:n aivomyrskyissä ei innostuta elvyttämään Tuomenmaan hiipunutta tulitikku- ja saunanlaudeteollisuutta asentamalla ansalankoja ja -rautoja pupujen päänmenoksi.

Huima suunnitteluretki

Alkusoinnut

Palataanpa ajassa taaksepäin aikaan ennen Kielineuvolan *surullista* liitosprosessia. Luotettavista lähteistä saamieni tietojen perusteella minä, Jeremias, voin raportoida seuraavaa:

Huolimatta JomY:n tutkijoiden vireistä ponnisteluista kohti yliopistomaailman huippua karu tosiasia oli, että tuo opinahjo kuului Tuomenmaassakin *kärpässarjaan*, puhumattakaan siitä, että maailman yliopistorankingeissa se varjonyrkkeili ynnä muiden –luokassa. Asialle piti tehdä jotakin, jotta kansalliset ja kansainväliset tukirahat saataisiin nousuun. Tuumasta toimeen: Järjestettiin *ideariihi* Gardajärvelle, jonne pääsi kätevästi tilauslentokoneella suoraan Joenmutkan kansainväliseltä lentoasemalta, ja vielä syyskuun lopussakin siellä oli mukavan lämpöistä istuskella tummenevassa illassa tavernan pehmustetuilla rottinkituoleilla. Rehtorin käyttövarat eivät valitettavasti riittäneet kuin 50-paikkaisen potkuriturbiinikoneen vuokraukseen. Kaikki halukkaat suunnittelijat eivät näin ollen mahtuneet mukaan, mikä tietenkin herätti *rannallejääneissä* pahaa verta ja laski seuraavan vuoden työtyytyväisyysastetta pari piirua. Mutta kaikki professorit ja hallintohenkilökunnan terävin kärki mahtuivat mukaan, ja jäipä muutama paikka koneen perältä vapaaksi vielä lehtoreille ja päätoimisten tuntiopettajien luottamusmiehellekin.

Kokouspaikan valinta herätti kyllä jonkin verran keskustelua, mutta epäilijöille pystyttiin todistamaan, että työskentelyn tehokkuuden varmistamiseksi oli valittava paikka, joka oli kyllin *kaukana* kotoa, ettei osa porukasta karkaa kesken suunnittelun kotiin iltakahveille tai peräti kantapaikkaansa oluelle. Lisäksi valitun kohteen plussana oli etelän aurinko ja lämpö, joka tunnetusti oli omiaan parantamaan osalla suunnittelijoista esiintyviä reumaattisia särkyjä ja lieventämään psoriaattisen ihon kutinaa.

Niinpä jo koneen noustua kotimaan harmaiden pilvien yläpuolelle tunnelma alkoi nousta lupaavasti, ja *yhteistyömielialaa* vielä kohotti eksoottisilta näyttävien italialaisten lentoemäntien ripeä tarjoilu, mikä kuului koneen all inclusive –vuokrausehtoihin. Maittavan lounaan ja kahvin ja konjakin jälkeen jaettiin rehtorin tarmokkaan sihteerin kopioimat laulumonisteet, jotka laulettiin raikkaasti läpi alkaen Kurjalan laulusta aina O sole mioon asti. Niinpä aika kului kuin siivillä (siivillähän sitä toden totta oltiinkin), ja pian kone aloitti laskukiidon Veronan lentokentälle.

Koneesta poistuttiin kiireen vilkkaa, koska piti ehtiä illan oopperaesitykseen, oltiinhan sentään Veronassa, italialaisen oopperan *mekassa.* Tilausbussi odotti suunnitelman mukaisesti lentokentän parkkialueella, mutta se joutui hiukan odottelemaan, sillä retken pääsuunnittelija, Joenmutkan hillintäjohtaja, oli kompastunut portailta laskeuduttuaan kentälle levitettyyn punaiseen mattoon. Kyse oli puhtaasti lentoaseman henkilökunnan huolimattomuudesta, koska maton käpristynyttä reunaa ei ollut teipattu kiinni kentän asvalttiin. Hillintäjohtaja sai täten ilman omaa *syytään* ilkeännäköisen nirhaman otsaansa ja joutui kentän ensiapuasemalle laastaroitavaksi, mikä herätti sitten jonkin verran huomiota ooppera-auditorion muissa eturivin istujissa. Lisäksi vahvarakenteinen esimiehemme torkahti muutamia kertoja, ilmeisesti kolahduksen jälkivaikutuksena, niin että pää retkahti voimaperäisesti rinnuksille, minkä seurauksena koko penkkirivi hytkähti alaspäin, mutta minkäänlaisia kuorsausääniä ei kuulunut. Tätä tapahtumasarjaa eivät onneksi taaempana istuvat juurikaan havainneet. Kaiken lisäksi matkavakuutus korvasi tapaturmasta aiheutuneet kulut, mutta koko *prosessi* herätti vaimennettua hilpeyttä muussa seurueessa, ja ilkeämielisimmät vertasivat sitä jopa jääkiekon maailmanmestarien saapumiseen kotimaan voitonjuhliinsa.

Kotoutustoimintaa

Don Giovanni –oopperan esitys oli *mainio*, ja matkalaiset totesivat sen kilpailevan tasapäisesti jopa Uusilinnan vastaavien produktioiden kanssa. Kulttuuripitoinen keskustelu jatkui vilkkaana bussin suunnatessa kohti suunnitteluseminaarin määränpäätä, Malcesinen kylää, josta oli löytynyt juuri sopivan kokoinen perhehotelli kokoustiloineen. Matkatunnelmaa ylläpitivät osaltaan myös bussissa kiertävät muovikassit, joissa oli lentoasemalta *edullisesti* hankittuja, tunnetusti hyviä italialaisia viinejä. Kotimaassahan niistä olisi joutunut maksamaan moninkertaisen hinnan, joten ostos ei pahasti rokottanut matkabudjettia. Niinpä kaikki seminaarilaiset totesivat tyytyväisinä matkan alkaneen parhaalla mahdollisella tavalla ja toivottivat hotellin aulassa matkan johtajalle pikaista toipumista ikävästä mutta sinänsä harmittomaksi osoittautuneesta välikohtauksesta. Avaimet saatuaan kanslian väki ja alempi opetushenkilökunta siirtyi kahden hengen huoneisiinsa, koska kaikille ei riittänyt yhden hengen sviittejä järvinäköalalla.

Aamupala oli sovittu vasta kymmeneksi, koska majoittuminen venyi yli puolenyön. Tarjoilu kylläkin osoittautui odotettua niukemmaksi: Pöydät oli katettu valmiiksi ja jokaiselle oli varattu yksi sämpylä, kylläkin upean pyöreä muodoltaan ja hyvin paistettu, mutta kotoisten hotellien aamiasbuffettiin verrattuna vaikutelma oli koruton. Olihan kannuissa sentään valittavana kahvia tai haudutettua teetä, mutta ohuet juustosiivut eivät olleet mitään parmesaania tai mozzarellaa, ja lihapuolellakin Parman kinkku *loisti* poissaolollaan. Tämän kaiken ei annettu latistaa yleistunnelmaa, vaan iloinen ääntensorina täytti aamiaishuoneen, kun muisteltiin mieliinpainuvaa oopperailtaa. Luottamus all inclusive – lounaaseen ja päivälliseen pysyi vankkana.

Kevyehköksi luonnehdittavan aamiaisen jälkeen pidettiin kokoussalissa *yhteispalaveri*. Siinä todettiin, että ensimmäinen päivä menee matkasta toipumiseen ja paikkoihin tutustumiseen: sich akklimatisieren, kuten mukana ollut germaanisten kielten professori ytimekkäästi totesi. Sovittiin että lähdettäisiin tutustumaan kauniin kylän ympäristöön vapaasti muodostuvissa ryhmissä. Koska hotellilla oli oma tenniskenttä, alan naiset ja miehet kaivoivat varusteensa esiin ja lähtivät testaamaan kentän massapinnan laatua. Surffauksen ja purjehduksen taitajat olivat jo etukäteen varanneet lautansa ja veneensä, koska Garda-järvellä tunnetusti

26

puhaltavat suotuisat tuulet viimeistään puolilta päivin.

Osa suunnitteluväestä lähti muuten vain käveleskelemään kylälle ja kastelemaan varpaita rantaan. Vesi osoittautui suhteellisen raikkaaksi (järvihän on varsin syvä), koska vireä tuuli oli vienyt lämpimän pintaveden mukanaan, mutta kultainen rantahiekka suorastaan kutsui auringonottoon. Niinpä lahkeet käärittiin polviin, jos ei sattunut olemaan sortsit jalassa, ja annettiin auringon hyväillä pohjolan syksyn kalventamaa ihoa. Samalla tietenkin alitajuisesti jo mietittiin retken varsinaista teemaa: miten saada lisätyksi Joenmutkan yliopiston *vetovoimaa*. Olosuhteet vaativalle aivotyölle olivatkin sopivat: rentoutuminen ja pienet nokkaunet rannalla panisivat aivot työstämään alitajunnassa mahdollisesti piileviä ideoiden ituja...

Ja eikun töihin

Seuraavana aamuna seurue tunsikin itsensä aamiaisella varsin *energiseksi* vertaillessaan ensimmäisen päivän kokemuksia. Harrastukset olivat lähteneet lupaavasti käyntiin aina golfia ja sen miniversiota myöten. Lounaalla ja päivällisellä oltiin saatu tutustua italialaisen keittiön tunnettuun laatuun, vaikka kurjalanpaistin ja kalakukon ystävät vähän oudoksuivatkin pastan ja pitsan paljoutta. Tukevaan aamiaiseen tottuneet huomasivat selviävänsä aamusta hyvin tankattuaan kunnolla illallispöydässä. Pienenä puutteena todettiin, että täysihoitoon kuului illalla vain lasillinen talon viiniä, ja muut maistiaiset ravintolan runsaasta ja kieltämättä houkuttelevasta viinivalikoimasta menivät omaan piikkiin. Mutta olivathan tällaisten tapausten varalta useimmat muistaneet varustaa matkakassaansa riittävästi euroja, ja onneksi Visa-kortti ja Mastercard olivat myös käypää valuuttaa.

Ensimmäisessä työpalaverissa ennen lounasta sovittiin, että joka päivä pidetään ainakin tunnin kestävä yhteinen *workshop* (työpaja), jossa kuullaan nyt sovittavien työryhmien väliraportit. Ryhmät jaetaan tieteenalakohtaisesti; esimerkiksi humanistit muodostivat luonnollisesti

27

oman tiiminsä. Työskentely tapahtuu kunkin ryhmän valitsemalla tavalla ja ajalla, ravintolan pienryhmille tarkoitetuissa huoneissa, miksei myöskin verannalla tai peräti nurmikolla tahikka rannalla istuskellen. Yliopiston liikuntavastaava muistutti myös siitä, että hän oli lastannut mukaan ison nipun *kävelysauvoja* ja että liikunta tunnetusti edistää vaativaa aivotyötä. Lisäksi samalla pystyttäisiin herättämään paikallisten kiinnostus tuomenmaalaiseen erikoisuuteen, sauvakävelyyn, ja saataisiin siten hankittua laitokseemme lisää ulkomaisia opiskelijoita vähintään Erasmus-vaihtoon. Idea todettiin huomion, ja toteutuessaan myös rahan, arvoiseksi.

Näin päästiin selkeään *työrytmiin*, jossa toistuivat päivittäiset raporttihetket, mutta myös paikalliseen kulttuuriin ja elämäntapaan tutustumiseen jäi sopivasti aikaa. Tuomenmaalais-ugrilaisen kulttuurin osasto toi esille idean, havainnoituaan paikallisten puuhia päivisin kylän raitilla ja illalla tavernoissa, että kotimaisen ja erityisesti sen itäpuolen kulttuurin esille tuominen antaisi melko varmasti eksoottista *hohdetta* Joenmutkan yliopistolle ja toisi kaivattuja ulkomaisia opiskelijoita kampukselle. Yliopiston AV-henkilöstö voisi toimittaa videoita, joissa näytettäisiin vaikkapa kurjalanpiirakan tekoa, rantakalan keittoa isoissa muuripadoissa, kansantanhuja Riemusaaren rannassa ja miksei myöskin suojalkapalloa, akankantoa ja kännykänheiton MM-kisoja. Talvilajeista mukaan tulisivat ainakin pilkkionginta ja avantouinti, ensin lumihangessa pyörien ja sieltä paljasjaloin avantoon pinkoen.

Kulttuuripuolelta esiteltäisiin tietenkin tuomenmaalaisia säveltäjiä ja oopperalaulajia, erikoisuutena itäkurjalaisten itkijänaisten esitykset ekumeenisissa hautajaisissa. Elokuvista mukaan kelpuutettaisiin klassiset versiot kansallisesti tärkeistä teoksista. Filmejä ja videoita käytäisiin sitten esittelemässä eri puolilla maailmaa, ja matkoihin voitaisiin anoa varoja EU:n moninaisista rahastoista. Pitäisi vain huolehtia siitä, että tiedotusmatkoille pääsisivät *tasapuolisesti* eri tieteenalojan edustajat, jotta tuomenmaalaiset erityispiirteet pystyttäisiin tarpeeksi asiantuntevasti, kattavasti ja monipuolisesti tuomaan esiin, eikä henkilöstössä heräisi mitään epäilyjä nepotismista tai piilevästä suosikkijärjestelmästä.

Ulkomaanmatkoillahan on erityinen paino virkojen hakuun tarvittavassa ansioluettelossa eli CV:ssä.

Tulosten tarkastelua

Päivät kuluivat kuin siivillä iloisessa työnteossa ja muussa puuhastelussa. Ja niin koitti suunnitteluseminaarin viimeinen ilta ja työryhmien tulosten julkistaminen eli tehtävien *purkaminen*. Tämä tapahtuma oli sijoitettu poikkeuksellisesti iltaan, koska siitä haluttiin tehdä mieliinpainuva elämys – odotettiinhan tiimeiltä yliopiston tulevaisuuden kannalta merkittäviä tuloksia. Motivaation kohottamiseksi entisestään hillintäjohtaja oli pystynyt kaivamaan joltakin kansliamomentilta rahat yhteiseen viinitarjoiluun. Niinpä ravintolan kellarista vieritettiin talkoovoimin verannalle tamminen viinitynnyri, jonka hanasta rehtori lorutteli osallistujien laseihin *helmeilevää* punaviiniä.

Liikuntavastaava oli raittiusmies, mutta kun ravintolasta ei löytynyt alkoholitonta viiniä, niin hän joutui tyytymään pulloveteen *con gas*. Hän oli kuitenkin jo tottunut yliopiston tilaisuuksissa vastaavaan, eikä ollut asiasta millänsäkään. Kerran hän kuitenkin oli yliopiston syyskauden avajaisjuhlassa vetänyt poveltaan esiin Acidofilus Bifidus –piimäpurkin ja ottanut siitä suoraan aimo huikat muiden skoolatessa samppanjalla. Hillintäjohtaja oli tämän havaitessaan kurtistellut kulmiaan ja ottanut käytösrikkeen esille seuraavissa henkilökohtaisissa tulosneuvotteluissa.

Liikuntavastaava halusi tällä kertaa esiintyä edukseen ja pyysi ensimmäisen puheenvuoron. Hän oli ottanut omantunnon asiakseen sauvakävelyn iskostamisen italialaisten tajuntaan. Ja tulosta oli syntynyt. Nuori Gardan ylioppilasneitonen oli innostunut niin, että halusi päivittäin *henkilökohtaista* tekniikkaopetusta, ja poikamiehenä liikuntavastaava ei nähnyt siihen mitään estettä. Viikon lopulla neitonen oli jo päättänyt pyrkiä Joenmutkan yliopiston erityispedagogiikan osastoon. Niinpä sitten viimeiset illat käytettiin tiiviisti Erasmus-apurahojen hakemiseen ja yliopiston hakulomakkeiden täyttämiseen sekä Tuomenmaan kielen

29

alkeiden kirjalliseen ja suulliseen opiskeluun. Eikä tuntunut mitenkään epätodennäköiseltä, etteikö kylästä löytyisi muitakin opinhaluisia, olihan tuomenmaalaisella koulutusjärjestelmällä kova maine myös saapasmaassa.

Näin *konkreettiset* myönteiset tulokset herättivät verannalla hyväksyvää hyrinää ja jopa kättentaputuksia. Seuraavaksi pyydettiin humanistien ryhmää ottamaan puheenvuoron. He halusivat aluksi muistuttaa tukalasta tilanteestaan erityisesti kielten osalta. Vaikka muinaiskreikasta oli vähitellen siirrytty nykykreikkaan ja kirkkoslaavista nykysipirjan kieleen, niin hakijoista oli huutava pula. Svean kieltä vastaan tunnettiin Itä-Tuomenmaassa perinteisesti vastenmielisyyttä jo kouluasteella syistä, jotka vaatisivat laajaa ja perusteellista tutkimista, mikä annettiin pienenä vinkkinä yhteiskunnallisen osaston kollegoille. Kaiken kaikkiaan todettiin, että vähäisistäkin hakijoista jo puolet karkasi muihin maisemiin ensimmäisen lukuvuoden jälkeen. Mutta tiimillä oli idea: Siirretään Joenmutkan yliopiston alainen Uusilinnan Kielineuvola pääyliopiston kampukselle. Tätä puolsi sekin, että haaraosaston opiskelijat valmistuivat lähes sataprosenttisesti määräajassa, mitä ei todellakaan voinut sanoa kielten osaston omista opiskelijoista. Näin ollen siirto toisi *hyvää PR:ää* pääkallonpaikalle.

Tähän rehtori kommentoi tuoreeltaan, että ehdotettu menettely on toiminut hyvin aikaisemmin, kun risutieteen laitos saatiin siirrettyä aluepoliittisista syistä Joenmutkaan. Tämäkin ehdotus kyllä kuuluu yliopiston *pitkän* tähtäimen strategiaan, mutta on vielä erittäin arkaluontoinen. Kysehän on kahdesta aluepoliittisesti syrjitystä kulmakunnasta, Pohjois-Kurjalasta ja Kaakonkulmasta, joten perusteluja on mietittävä todella tarkasti. Tästä syystä piti jättää Uusilinnan edustus kokonaan pois tämän seminaarin osalta; heille ilmoitettiin, että valitettavasti suuren kysynnän takia matkalle ei enää mahtunut mukaan.

Rehtorin puheenvuoron kuultuaan pedagogisen osaston tiimin päät painuivat alaspäin – heillä kun oli kehkeytynyt sama ehdotus Uusilinnan opettajankoulutuksen osalta. Rehtorin mukaan tilanne oli samankaltainen tässäkin suhteessa, mutta vielä delikaatimpi. Yhteistyösopimuksessa oli sovittu, että opettajien koulutuksessa suoritetaan erikoistuminen eli *profilaatio*. Uusilinnan osaksi tulivat taito- ja taideaineet, kun taas Joenmutka panostaisi matemaattisiin aineisiin, erityisesti sumeisiin lukuihin ja Einsteinin yleiseen suhteellisuusteoriaan. Ongelmaksi vain on muodostunut, että Uusilinnan erikoistumisaineet vetävät kuin hunaja mehiläisiä, kun taas pääkampuksella on ollut hankaluuksia värvätä erikoistumisaineisiin päteviä vetäjiä, mikä on osaltaan vaikuttanut negatiivisesti opiskelijarekrytointiin. Joten pedagogisen osaston idea on kyllä tiedostettu, mutta sen toteuttamiseen on vielä monta *virstaa* pitempi matka kuin humanistien ehdotukseen.

Metsätieteilijät kertoivat, että heillä risu- ja varpututkimukset edistyvät hyvin; tosin parantamista on vielä kansainvälisessä yhteistyössä. Lisäksi tehostetaan yhteistyötä kemian alan kanssa mm. uusien biopolttoaineiden kehittämiseksi. Ongelmana on kyllä opettajien ja tutkijoiden runsas vaihtuvuus, koska ulkopaikkakuntalaiset eivät oikein tahdo viihtyä syrjäisellä paikkakunnalla. Koska kuitenkaan alan paikkoja ei ole muualla Tuomenmaassa, on moni lähtijä perustanut etelämmäksi oman yrityksen puuseppänä tai veneenveistäjänä, mikä sinänsä on positiivinen, työpaikkoja lisäävä ilmiö.

Pelastava idea

Rehtori kysyi *onnettomana*, eivätkö muut kuin liikuntavastaava ollet saaneet aikaan mitään konkreettisia uudistuksia. Tähän tuomenmaalais-ugrilainen osasto muistutti jo aikaisemmin esittämästään Omaperäinen kulttuuri tunnetuksi –projektistaan. Lisäksi saatiin ilouutinen hillintäjohtajan vetämältä verkostoitumista ja yhteistyöhankkeita pohtineelta tiimiltä: Etsitään *yhteistyökumppaneita* muista yliopistoista! Saadaan leveämmät hartiat, eivätkä silloin meidän omat heikkoutemme pistä niin selvästi silmään ministeriön kanssa käytävissä määräraha- ja tulosneuvotteluissa. Ensisijaiseksi neuvottelukumppaniksi ehdotettiin Kalaveden yliopistoa, jonka ainevalikoima oli tyystin erilainen, eikä näin ollen ollut vaaraa päällekkäisyyksien saneeraamistarpeesta oppi-aineiden puolella. Hallinnon osalta ongelmia saattaisi ilmetä. On tunnettuja esimerkkejä, että kirkollisella taholla seurakuntaliitoksia on jäänyt tekemättä, kun kirkkoherrat eivät halunneet luopua viroistaan, eikä seurakunnalla voi olla kuin yksi kirkkoherra. Kappalainen-nimitys ei kuulemma ollut kovin vetovoimainen. Tähän rehtori totesi, että yliopistomaailmassa on niin paljon luovaa ajattelua, että noista *haasteista* kyllä selvitään, erityisesti mikä koskee korkeampia hallintovirkoja.

Saatuaan puheenvuoron hillintäjohtaja totesi oman tiiminsä tavallaan pelastaneen koko suunnitteluseminaarin maineen: – Kotiin voidaan palata voittajina ja ulkomaisen suunnitteluretken kieltämättä melkoisille kustannuksille saadaan *katetta*. Ensi tilassa tulee luoda neuvotteluyhteys Kalaveden yliopistoon. Jos suunnitelma onnistuu, niin Joenmutkan maine akateemisen elämän ja työn *uudistajana* (pakon edessä...) kirkastuu entisestään. Meillähän alettiin mm. kokeilla ensimmäisenä henkilökohtaista palkkausjärjestelmää ja meillä se myös ensimmäisenä vakinaistettiin. Näin siis hillintäjohtaja.

Mukana olleet lehtorit ja tuntiopettaja muikistelivat salassa suutaan, koska heidän ammattiyhdistyksissään uutta palkkausjärjestelmää nimitettiin pärstäkerroinsysteemiksi. Palkkaus nimittäin alkoi riippua osittain siitä, miten hyvin osasi kehua itseään ja millaisissa väleissä oli haastattelevan esimiehen kanssa. Mutta siitä ei tointanut puhua tässä yhteydessä; mitä nyt yleistä iloa pilaamaan. Ilta jatkuikin hilpeissä merkeissä, koska tynnyristä pulppusi vielä viiniä, eikä se ehtynyt ennen kuin pikkutunneilla. Nukkumaan ei ollut kuitenkaan kiirettä: paluulento lähtisi vasta iltapäivällä. Liikuntavastaavaa ei enää näkynyt paikalla; hän oli kadonnut innokkaan oppilaansa kanssa jonnekin etelän pehmeään yöhön.

Lyhyt yhteenveto retkestä: Suhtkoht *normaali* tuomenmaalainen seminaari. Rahat kaivetaan jostain, lähdetään Lappiin hiihtämään tai ulkomaille aurinkoon. Mukaan valikoitu joukko, jonka ohjelmaan mahtuu hiukan oikeaa suunnitteluakin. Raporteissa työohjelma näyttää varsin tiukalta, muuten rahoittaja tai reviisori kurtistelisi kulmiaan. Ja tämän reissun kunniaksi on mainittava, että siitä oli konkreettisia tuloksiakin: liikuntavastaavan nimettömässä kiilteli kihlasormus, ja yliopisto sai uuden kansainvälisen opiskelijan.

Joenmutka ja Kalavesi: Hynttyyt yhteen!

Suunnitteluiskuryhmä palasi väsyneenä mutta onnellisena kotitanhuville. Kontaktien luonti Kalaveden yliopistoon aloitettiin *välittömästi*. Rehtorit pääsivätkin salaisissa, virka-ajan jälkeen käymissään puhelinkeskusteluissa pian sopuun siitä, että Joenmutkan ehdottamassa yhdistyneessä yliopistossa tarvitaan tietenkin *kaksi* rehtorin virkaa: toinen on tietorehtori ja toinen hillinnällinen rehtori. Työnkuvista päästään varmasti yhteisymmärrykseen. Kun tämä (mahdollinen) ongelma eli haaste oli selätetty, voitiin käydä käsiksi vähemmän hankaliin asioihin. Selvitettäviä yksityiskohtia oli kuitenkin niin paljon, että päätettiin siirtyä oikein *ruohonjuuritasolle,* toisin sanoen ottaa mukaan koko henkilöstön edustus.

Joenmutkallahan oli tuore, hyvä kokemus keskitetystä suunnittelutyöstä. Se onnistuu parhaiten jossakin uudessa ympäristössä. Rehtorin käyttövarat olivat kuitenkin ehtyneet, joten piti tyytyä kotimaiseen vaihtoehtoon. Lisäksi syksy oli jo niin pitkällä, että Italiassa puhaltelivat viileät tuulet, ja Thaimaahan eivät edes yhteiset budjettivarat riittäneet. Näin ollen sopivan *rauhalliseksi* suunnittelupaikaksi katsottiin ortodoksinen nunnaluostari, olihan yliopistoväen joukossa myös kreikkalaiskatolisia, jotka pystyivät antamaan paikan vaatimia käyttäytymisohjeita. Majoitustiloja oli tosin niin vähän, että suunnitteluryhmä jouduttiin taas rajoittamaan minimiin, ja siitä huolimatta nunnat joutuivat luovuttamaan *keljansa* vieraiden käyttöön ja muuttamaan viikonlopuksi sukulaisten ja tuttavien luo. Suunnittelua tehosti sekin seikka, että iltaelämä piti rajoittaa normaalista poiketen pienryhmätyöskentelyyn. Luostari oli järjestänyt yksinkertaiset mutta maukkaat ateriat; ruokajuomaksi tarjottiin raikasta lähdevettä.

33

Edellytykset tehokkaalle toiminnalle olivat siis mitä parhaat. Aamuisin kaikki olivat *virkeitä* ja työintoisia, mitä nyt muutamat valittivat selässään tuntuvan pientä kolotusta nunnien askeettisissa sängyissä nukutun yön jälkeen. – Mikä ei tapa, se vahvistaa, totesi suunnitteluseminaarin vetäjäksi valittu Kalaveden yliopiston edustaja. Hän oli kirkasotsainen ja -silmäinen henkilö, oikein huokui positiivista energiaa, ja sai niin ollen koko suunnitteluväen suorastaan *haltioituneeseen* työintoon; jotkut puhuivat jopa kielillä (erityisesti niin sanotut syntyperäiset opettajat, jotka eivät vielä täysin hallinneet Tuomenmaan kieltä). Joenmutkan hillintäjohtaja antoi *parempilahjaisen* kollegansa hoidella ohjaksia ja tyytyi vain sopivissa tilanteissa nyökkäilemään hyvänsuopa hymynkare suupielessään. Hän puolestaan ilmoitti täsmällisesti ruokatauot ja kahvitunnit ja ehdotti yöhiljaisuuden kestoksi klo 22 – 07, mikä yleisesti hyväksyttiin.

Tällä kertaa myös minä, Jeremias, olin tullut valituksi näiden iskuri-työläisten joukkoon. Kaikki näytti hyvältä, tunnelma oli paljon parempi kuin aikanaan Kielineuvolan ja Joenmutkan välisissä neuvotteluissa. Ei mitään kyräilyä, *karjumisesta* puhumattakaan. Pienryhmissä ratkottiin käytännön kysymyksiä ja raportoitiin niistä yhteispalavereissa. Etevä vetäjä osasi kiteyttää mainiosti suuret linjat: Yhdistyminen on hyvä asia. Kalaveden ja Joenmutkan oppiaineissa ei ole päällekkäisyyksiä. Yhteistyö perustuu *kolmen* kampuksen periaatteeseen: Kalavesi, Joenmutka ja Uusilinna. – Hieno juttu, että Uusilinnan asema sai näin virallisen vahvistuksen, nyt on ainakin OKL:mme tulevaisuus turvattu, eikä tapahdu sellaista välistävetoa kuin Kielineuvolan osalta, tuumailin itsekseni. – Kalavedellä ei tunnu olevan mitään hampaankolossa meitä vastaan, eihän heidän aineisiinsa kohdistu mitään paineita Uusilinnan taholta. Ehkäpä tämä uusi, sovinnollinen hallintotyyli siirtyy käytäntöön myös tiedekunta- ja osastotasolla. Päästään niistä kissa ja hiiri –leikeistä eroon.

Työnjaosta todettiin, että *tietorehtorin* toimenkuvaan kuuluu professorikunnan ja alemman opetushenkilöstön johtaminen ja eri tieteenalojen kehittäminen. *Hillinnällinen* rehtori taas keskittyy,

Joenmutkan hillintäjohtaja oikeana kätenään, enemmän muun kuin opetushenkilöstön johtamiseen; se olikin ollut voimakkaassa kasvussa viime vuosikymmeninä, joten työtä kyllä riittäisi. Opetusväen määrä sen sijaan oli pysynyt ennallaan opiskelijamäärän tuplaantumisesta huolimatta.

Näin päästiin korkeimmista viroista sopuratkaisuun, kun tiedossa oli, että koko suunnittelutoiminnan sielu ja vetäjä oli siirtymässä valtakunnan tasolle vaativampiin tehtäviin, joten hänelle ei tarvinnut miettiä uutta postia. – Tämä henkilö menee vielä *pitkälle*, tuumailivat seminaarilaiset keljoissaan ennen unen tuloa, seinillä riippuvia ikoneita ihaillessaan. – Oikeat kyvyt kyllä huomataan jossain vaiheessa.

Yleispalaverissa pohdittiin myös yhdistyvän yliopiston *nimeä*. Teologisen tiedekunnan edustajat ehdottivat Itämaan yliopistoa, mutta sitä pidettiin liian raamatullisena, vaikka tietäjiä kyllä todettiin löytyvän kosolti. Itäseutu, Savo-Kurjala ja moni muu ehdotus joutuivat myös hylätyiksi. Lopulta nimikilpailun voitti Kaakonlaidan yliopisto, josta muodostui sitten ytimekäs lyhenne: *Kakola.*

Päätöstilaisuudessa nautittiin pullakahvit ja nunnien poimimia karpaloita kermavaahdossa. Todettiin että yhdistynyt uusi yliopisto nousee valtakunnallisessa ja globaalissakin rankingissa aimo *harppauksen* ylöspäin. Tulevaisuudessa yhteistyön voitiin olettaa antavan vielä tuntuvasti lisäpotkua tieteelliseen toimintaan, vaikka osa määrärahoista palaakin maanteillä bensa- ja päivärahoina vääjäämättä lisääntyvän matkustelun vuoksi. Pientä itsetyytyväistä hymyilyä herätti myös tieto, että idän yhdistymishankkeesta vihiä saaneista muista yliopistoista oli kuulunut huolestuneita ääniä oman opinahjonsa kohtalosta muuttuneessa kilpailutilanteessa. Tuntui mukavalta ajatella: Taas ollaan kehityksen kärjessä. Lyötiinpäs toiset *ällikällä.*

Asioille taustaa

Rapakon takana sattuneet pankkihuijaukset, öljyn hinnan romahdus, joka rokotti pahasti Sipirjan kanssa käytävää kauppaa, sekä kotimaisen kännykkätuotannon vääjäämätön hiipuminen lienevät olleet päätekijöitä Tuomenmaan vuosi vuodelta heikentyneeseen taloustilanteeseen. Ei voitu enää *haaveillakaan* kaksinumeroisista palkankorotusprosenteista, ja siitä tietenkin avainliitot äityivät lakkoilemaan, mikä ei luonnollisesti parantanut valtion kassavajetta. Ammattiliitot olivat liikuttavan yksimielisiä siitä, että juuri heidän oma liittonsa oli viime vuosien korotuksissa jäänyt nuolemaan näppejään.

Vaalivoiton strategiaa

Tällaisissa olosuhteissa painoivat päälle eduskuntavaalit. Kärkipuolueiden voimasuhteet näyttivät ennakkoon suhteellisen tasaisilta. Erottuakseen edukseen piti siis keksiä jokin *juju*, gag, jolla saisi äänestäjät puolelleen. Sinituuli-puolueen hymypoika-puheenjohtajalla olikin idea: Otetaan malliksi jokin hyvin tavallinen työtehtävä, jossa on selvä alipalkkaus, puhutaan heidän puolestaan ja näin saadaan rehdin, vähäosaisten asiaa ajavan puolueen maine ja vähän sädekehää itsellekin. Otettiin vaaliteemaksi *Anna Apuhoitaja!*

Idea oli *loistava*. Kukaan ei pystynyt kiistämään, että apuhoitajat tekevät raskasta, arvokasta työtä ja varsin pienellä palkalla. Heille piti saada kunnon *tasokorotus*. Hymyilevä, charmikas puheenjohtaja jopa innostui asiasta niin, että lupasi lähteä tutustumaan apuhoitajien työhön oikein käytännössä. Hänelle järjestettiinkin yövuoro toisen hoitajan kaverina Auringonlaskun vanhainkodissa jossain Savon sydänmailla. Hoidettavia oli kahteen pekkaan parikymmentä vanhusta, keski-ikä lähenteli yhdeksääkymmentä, kaikki vuodepotilaita. Yö kului totisessa työntouhussa: Illalla ennen nukkumaanmenoa piti jakaa lääkkeet ja syöttää iltapala, koska useimmat eivät enää pystyneet lusikoimaan puuroa suuhunsa. Vaipat piti vaihtaa sekä illalla että useimmille vielä keskellä

36

yötä, laitokseen oli näet harmillista kyllä iskenyt *ripuliepidemia*. Samalla asiakkaat piti kääntää kyljeltä toiselle, mihin työharjoittelija tietenkin sai asiantuntevaa ohjausta kokeneelta kollegaltaan. Onneksi puheenjohtaja oli nuori ja vetreä, voimia nimittäin tarvittiin muutaman satakiloisen sotaveteraanin kääntelyssä.

Niinpä (normaalisti) hymyilevä mies saapui aamulla kotiinsa hikisenä, lopen uupuneena, eritteiden jäämiä kynsien alla – ja täysin vakuuttuneena siitä, että Anna Apuhoitaja ansaitsee palkkaukseensa todella *roiman* tasokorotuksen.

Hallituksen alkuvaikeuksia

Vaaliteema purikin hyvin ja Sinituuli-puolue sai tuntuvan vaalivoiton ja puheenjohtaja hallituksen *muodostamistehtävän*. Asia ei ollut kuitenkaan yksinkertainen, koska pari muille palkintosijoille jäänyttä puoluetta kieltäytyi yhteistyöstä. Taka-ajatuksena oli varmaan tehdä tyhjiksi voittajan hallituksen muodostamisyritykset ja siten saada omalle puolueelle neuvottelujen vetovastuu. Monen epäonnistuneen yrityksen jälkeenkään hymyilevä puheenjohtaja ei lannistunut, vaan vetosi vaaleista vaihtelevalla menestyksellä selvinneisiin pienpuolueisiin (joita kateelliset nimittelivät myös takiaispuolueiksi), jotta maahan saataisiin kohtuuajassa hallitus ratkomaan kieltämättä visaiselta vaikuttavia ongelmia. Ja kun *halu* pääministerin tuolille oli niin palava, tuli sitten ohjelmaneuvotteluissa luvattua kaikille osallistujille *monenlaista* hyvää. Onneksi hallitusohjelma oli varsin lyhyt, ja jätti siten asioihin tulkinnanvaraa...

Ensimmäisiä ratkottavia asioita olivat työmarkkinaneuvottelut. Nehän kuuluvat varsinaisesti työmarkkinajärjestöille, ei hallitukselle. Tuomenmaassa oli kuitenkin totuttu pitämään neuvotteluissa viimeiseen asti järkähtämättömästi kiinni omista vaatimuksista, jolloin yleensä hallitus riensi apuun. Yleisin tapa avata Gordionin solmu oli luvata *verohelpotuksia*. Niin tälläkin kertaa, ja pääministeri saattoi pyyhkiä hikipisarat otsaltaan. Anna Apuhoitaja sai tietenkin hänelle luvatun tasokorotuksen. Huolestuttavaa kuitenkin oli, että myös muut ammattiryhmät vaativat kuorossa vastaavia korotuksia, tietenkin huolellisesti vaatimuksiaan perustellen. Vaatimuksia esittivät sairaanhoitajat, lastenhoitajat ja paperikoneiden hoitajat (omaishoitajilla ei ollut omaa etujärjestöä, joten he eivät vaatineet mitään) puhumattakaan opettajista, lääkäreistä, räätäleistä, ahtaajista, siistijöistä, kuljetusalasta, asianajajista ja Merimiesunionin edustajista.

Tehtaiden ja pankkien johtajat sekä ylemmät toimihenkilöt vaativat sopimuksiinsa optioita, eläke-etuja sekä erottamistapauksessa kultaista kädenpuristusta. Oli vain kohtuullista saada *turvatuksi* elintasonsa, jos sattui tekemään vaikkapa epäonnistuneita tehdaskauppoja uudella mantereella. Näinhän kävi muutamalle isolle pomolle – miljardeja katosi, mutta jäi sentään jokunen miljoona ikävän urakolauksen kokeneen lännen seikkailijan vanhuuden varalle. Onneksi Portugalissa ei johtajan eläkkeestä mennyt ollenkaan veroja. Kotivaltiohan olisi rokottanut siitä huomattasti isomman summan veroina kuin mikä oli keskivertoseniorin bruttoeläke. Kohtuutonta!

Eipä uusi pääministeri olisi uskonut moiseen hullunmyllyyn joutuvansa. Tuloksena oli loppujen lopuksi palkankorotustaso, jota Tuomenmaan kilpailukyky ei järkevästi ajatellen olisi mitenkään sallinut. Järkevyys ja poliittinen välttämättömyyshän eivät useinkaan kohtaa toisiaan, sen sai tuore pääministeri pian *tuta*. Vastaavassa tilanteessa aikaisemmin oli tehty devalvaatioita noin kymmenen vuoden välein, usein metsäteollisuuden painostuksesta, ja taas oli porskutettu eteenpäin. Tuomenmaan liityttyä Euroopan Unioniin se mahdollisuus oli kuitenkin jäänyt pois *työkalupakista.*

Pontevia uudistuksia: Yliopistolaki

No eikun ongelmia ratkomaan! Uusi hallitus ja uudet *nuorekkaat* kasvot halusivat tehdä kunnon remontteja asioissa, joita oli vuodet vatvottu, mutta jotka kuitenkin olivat jääneet tekemättä. Tuomenmaasta piti tehdä maailman modernein ja parhaiten uusinta teknologiaa hyödyntävä valtio. Sanalla sanoen tarvittiin *digiloikkaa*, niin valtion ja kuntien hallinnossa kuin myös korkeimmissa opinahjoissa, yliopistoissa. Helpointa oli aloittaa yliopistoista, koska hallintopuolella piti ottaa huomioon monenlaisten viiteryhmien intressit, ja siinä sivussa joskus myös oman puolueen, mutta ei tietenkään oma, etu. Tuomenmaassahan ei ole vallalla juuri minkäänlainen korruptio, se on todettu monissa kansainvälisissä selvityksissä.

Yliopistosektori oli jotenkin päässyt karkaamaan käsistä. Hyvinä vuosina oli jaettu korkeakouluja ikään kuin palkintona ympäri valtakuntaa. Osa oli hyvinkin pieniä, ja pienihän tarkoittaa yleensä *tehottomuutta*, ajatteli Sinituuli-puolueen uusi opastusministeri. Kun voimat keskitettäisiin pääkaupunkiin ja pariin muuhun suurimpaan keskukseen, niin riittäisi varmaan yksi yliopisto maan puoliväliin ja ehkä yksi pohjoiseen. Pääkaupungissakin tarvittaisiin keskittämistä, mikä tarkoittaa vanhan yliopiston sekä teknisen ja taiteen alan korkeimman koulutuksen yhdistämistä *Laine*-yliopistoksi. Professorit tosin ovat murahdelleet, etteivät he ymmärrä, mitä etua niin erilaisten alojen yhdistämisestä saman sateenvarjon alle voisi olla. Mutta hehän ovat vain oman kapean sektorinsa asiantuntijoita, kun taas opastusministerin pitää ajatella asioita *laveammasta* perspektiivistä.

Toimelias ministeri päätti lähteä uudistamaan yliopistolakia. Lausuntokierroksilla lakiehdotus sai voittopuolisesti myönteistä palautetta; kukapa olisi vastustanut hyvältä kuulostavia lupauksia toiminnan tehostamisesta ja turhien rönsyjen karsimisesta. Tuo kuka kuitenkin löytyi asianomaisten eli yliopistossa työskentelevien keskuudesta. Erityisesti professorit ja nuoret tutkijat eli tieteentekijät moittivat ehdotusta vallan *keskittämisestä* yliopistojen rehtoreille ja niiden hallituksille sekä laitosten johtajille. He pitivät lakiluonnosta kaikkien aikojen katastrofina varsinkin korkeakoulujen päätöksenteon kannalta. Mutta tämähän se koko homman idea olikin, tuumaili opastusministeri työhuoneessaan. Tehokkuus ennen kaikkea. Eikä siinä ollut mitään pelättävää, että yliopistojen hallituspaikoista suurin osa menisi ulkopuolisille asiantuntijoille. Sehän merkitsi laajempia *näköaloja.*

Uudistukset jatkuvat: Kuntauudistus ja Sote

Yliopistolain tultua hyväksytyksi eduskunnassa, ankaran keskustelun jälkeen, opastusministerin kyvyt huomattiin ja hänelle annettiin toinen suuri haaste: *kuntauudistus.* Se merkitsi tietenkin ministeriön vaihtoa, mutta kukapa uusia tehtäviä pelkäisi. Eiköhän hyväksi koettu rynnimis- ja vyörytystaktiikka toimisi edelleenkin. Ja perusajatus oli loppujen lopuksi sama: *suuri* on kaunista.

Tuomenmaassahan on satoja pieniä kuntia. Melkoinen osa niistä sinnittelee (*kuirailee*, sanoisi pohjalaanen) vuodesta toiseen homekoulujensa ja yhä vain kasvavien sairaanhoitomenojen kanssa. Väki vanhenee ja vähenee, verotulot kuihtuvat, kun varsinkin suuremmat yhtiöt panevat ET- (eli erottamistoiminta-) neuvotteluissa väkeä pihalle ja palkkaavat juristeja etsimään porsaanreikiä lailliseen veronkiertoon aina veroparatiiseja myöten. Loistavia *poikkeuksia* kuitenkin löytyy. Esimerkiksi Sedänkosken piskuinen kunta on velaton, veroprosentti kohtuullinen ja palvelut pelaavat mainiosti. Asukkaat elelevät siellä onnellisina kuunnellen koskensa kohinaa kesät talvet. Niinpä kunta onkin antanut jo monet rukkaset seireenilauluja esittäneille kosijoilleen.

Tarmoa uhoavan ministerin korjausresepti oli selkeä: On tehtävä kuntaliitoksia, saatava aikaan *leveämmät* hartiat, jotta paisuvista menoista selvitään ja velkaantumiskierre katkeaa. Jotta liitokset tapahtuisivat vapaaehtoisesti ja ripeästi, luvattiin liittyjille porkkanarahaa useiden miljoonien edestä. Annettiin myös ymmärtää, että jos kriisikunnat eivät tajua omaa etuaan muuten, niin ruoskaakin löytyy.

Sinituuli-puolueelle tämä linja sopi erinomaisesti. Oppositiosta kuului kuitenkin ääniä, että mitä hyötyä siitä tulee, jos kaksi tai kolme

40

köyhää liittyy yhteen. Virattomiksi jääneille kunnanjohtajille pitää kuitenkin järjestää hyväpalkkaiset hallinto- tai muunlaiset päällikön virat, ja myös muu henkilöstö saa viisivuotisen irtisanomissuojan, joten ainakaan alkuaikoina palkkauskulut eivät sanottavasti pienenisi. Varsinkin Sentraalipuolue alkoi pelätä vaikutusvaltansa vähenevän laajalla maaseudulla, jos he menettäisivät monissa kunnissa haalimansa monopoliaseman.

Tarmokas ministeri *valisti* vähäuskoisia laidasta laitaan, että ainakin ajan myötä hallintokulut kevenisivät, kun väkeä jäisi eläkkeelle eikä "turhiin" virkoihin palkattaisi enää seuraajia. Kyllähän kunnat olivat tähänkin asti pyrkineet tekemään henkilöstösäästöjä, mutta ne olivat kohdistuneet lähinnä *suoritusportaaseen* kuten kodinhoitajiin, putkimiehiin ja siistijöihin. Tuloksetkin olivat selvästi nähtävissä: Villakoirat pyörivät kaupungintalojen käytävillä, kaduilla puhkesi suihkulähteitä vanhojen putkien halkeillessa, ja yksinelävät vanhukset lojuivat pissivaipoissaan aamupuuronkeittäjää odotellessaan. Päällikkö-taso sentään yleensä selvisi henkilöstösaneerauksista pienin vaurion (kukapa se omaa oksaansa sahaisi!). Ja kannattihan kunnan pitää kiinni hyväpalkkaisista veronmaksajistaan…

Oli miten oli, sanoi ministeri, pienet kunnat eivät *selviä* kasvavista sairaanhoito- ja sosiaalimenoistaan. (Hän ei ollut milloinkaan käynyt Sedänkosken rantakalajuhlissa.) Jo muutama yllättävä ohitusleikkaus saattoi viedä piskuisen kunnan sairaanhoitobudjetin punaisille luvuille, ja vähälukuisten huoltomiesten takia sorittamattomiksi jääneillä iljanteisilla teillä murtui lonkkia vaaralliseen tahtiin. Liitosten avulla saadaan aikaan kunnon *väestöpohja*, mielellään ainakin satatuhatta henkeä, uuteen suurkuntaan. Silloin eivät muutamat osteoporoosilonkat ja kolesterolin vaivaamat suonet heiluttelisi kuntien tilejä niin pahasti. Sanalla sanoen: Tuomenmaahan tarvitaan *SOTE,* uusi sosiaali- ja terveyslaki. Pitää pyrkiä yhden *luukun* periaatteeseen: sekä sosiaali- että terveyspalvelut hoidetaan samassa keskuksessa. Myös perusterveydenhoidon ja erityissairaanhoidon välinen *juopa* piti kuroa umpeen.

Niinpä ministeriön virkamiehet ja *juristit* pantiin töihin uusien lakien laadintaan. Aikaa oli kuitenkin vähän, koska vaalit painoivat päälle, ja mielipidekyselyt ennakoivat hallitusvallan vaihtumista seuraavalla vaalikaudella. Äänestäjille on varsin vaikeaa kertoa tyhjentävästi hallituksen hyvistä aikeista, ja kun tulosten esiin saaminen vie oman aikansa, niin kansalaisten kärsivällisyys ei tahdo riittää niiden odotteluun. Se on sitä demokratiaa valoineen ja varjoineen, mutta demokratia on kuitenkin huonoista vaihtoehdoista *paras,* filosofoi vastuuministeri hämärtyvän työhuoneensa pöydän ääressä.

Suuret hankkeet kohtaavat myös suurta *vastustusta*, niin tälläkin kertaa. Lausuntokierroksella löytyi paljon käytännön ongelmia, ja viimeinen niitti oli perustuslakivaliokunnan lausunto, jossa todettiin uudistuksen olevan osin perustuslain vastainen. Niinpä eduskunta totesi koko uudistusketjun jäävän sikseen, ainakin tällä vaalikaudella. Tämä oli tarmokkaalle ministerille, Sinituuli-puolueen nousevalle tähdelle, niin kova kolaus, että hän jätti eduskunnan, asettui ehdokkaaksi seuraavissa EU-vaaleissa ja *pääsi* onnekseen EU-parlamentin jäseneksi. Ei huono juttu ollenkaan, sillä palkka nousi roimasti ja matkakorvaukset paranivat entiseen verrattuna. Musta virka-auto jäi harmi kyllä pois käytöstä. Tarmokkaan ex-ministerin ei tarvinnut potea uudessa toimipaikassaan yksinäisyyttä, sillä sinne oli paennut jo *aikaisemmin* toinen turhautunut huippupoliitikko. Hymyilevä pääministeri oli näet myös tehnyt exitin, kun nouseviksi luvatut talouskäyrät olivatkin kääntyneet jyrkkään laskuun. Kovin suuret vaatimukset eivät onneksi EU:ssa olleet, koska sama mies sai tehtäväkseen valvoa koko unionin talouden tehokkuutta. Pahat kielet kuiskuttelivatkin, että EU:sta oli muodostunut kotimaassaan kovia kokeneiden poliitikkojen *turvasatama.*

Suurmielenosoitus OKL:n puolesta

Uuden yliopiston (Kakolan) yhdistymisneuvotteluissa vallinneesta hyperpositiivisesta mielialasta huolimatta sen hallitus räjäytti muutaman vuoden kuluttua uutispommin: Uusilinnan OKL siirrretään Joenmutkan kampukselle! Neuvottelujen parempilahjainen vetäjä oli siirtynyt, niin kuin ounasteltiin, valtakunnan ylimpään hallintoon, ja hänen mukanaan ilmeisesti unohdettiin kauniit yhteistyöpuheet ja lupaukset *kolmesta* kampuksesta. Järkytys oli suuri Uusilinnassa, ja kaikki pyörät pantiin pyörimään ja perusteita mietittiin hyökkäyksen torjumiseksi. OKL:n lähtö merkitsisi suoranaista katastrofia kaupungin ja laajemmankin ympäristön taloudelle.

Taloudellinen katastrofi

Laskettiin että yli puolituhatta opiskelija-asuntoa jouduttaisiin purkamaan, minkä lisäksi suuri joukko yksityisten omistamia vuokra-asuntoja jäisi tyhjilleen. Valtio menettäisi kymmeniä miljoonia euroja pelkästään takuuvastuidensa vuoksi. Lisäksi lähes tuhatlukuisen opiskelijamäärän poisjäänti olisi elinkeinoelämälle kohtalokas suonenisku, kun sellainen kuluttajajoukko puuttuisi kaupungin katukuvasta. Ja tämä kaikki vain Joenmutkan kampuksen *itsekkyyden* ja omaan napaan tuijottamisen takia. Varmaan heillä olisi kaiken lisäksi otsaa pyydellä valtion avustuksia siirron aiheuttaman lisätilatarpeen kustannusten kattamiseksi. Mutta onneksi kyseessä on vain Kakolan hallituksen, ei koko maamme hyvän hallituksen, päätös. Opastusministeriön tulosneuvotteluissa asia vasta ratkaistaan, siellä järki voittaa, siihen haluttiin paikkakunnalla luottaa. Jotta asia saisi riittävästi myös valtakunnallista huomiota, päätettiin Uusilinnassa järjestää ennen näkemättömän *laaja* mielenosoitus.

Väkeä virtasi Uusilinnan kaduilla kohti toria, varmaan tuhansittain. Koululaiset oli päästetty lähtemään tuntia tavallista aikaisemmin. Niinpä he innokkaasti kansoittivat kauppatorin reunat. Eläkeläiset olivat saaneet tiedon ennen näkemättömästä tapahtumasta kaupunkilehdestä, ja he riensivätkin totutun valppaasti mielenosoitukseen vastustamaan OKL:n siirtoa Joenmutkaan, vaikka nyt ei ollutkaan tarjolla hernekeittoa tai riisipuuroa, eikä edes kahvia pullan kera. Vapaana olevat kolmivuorotyöläiset ja hoitovapaastaan nauttivat kotiäidit olivat myös hyvin edustettuina. Näytti siltä, että *koko* Uusilinna oli liikkeellä.

Opiskelijoiden mietteitä

Kaikki kynnelle kykenevät opettajaksi opiskelevat olivat tietysti mukana, olihan kyse heidän tulevaisuudestaan. Kaksi pirteää tulevaa kansankynttilää pohti asioita kulkiessaan. – On se *tyhmä* se ministeri, kun päätti siirtää meidän OKL:n Joenmutkaan. Eihän siellä riitä edes luokkatilat asunnoista puhumattakaan. Nytkin yksiöt ovat ihan kiven takana ja hinnat lähes puolta korkeammat kuin täällä. Ja kun meillä on niin pätevät opettajatkin. – Ei sitä ministeriä yksin voi syyttää. Se on nuori ja *kokematon*, eikä ilennyt kieltää, kun Joenmutkan lähetystöt kävivät alvariinsa siirtoa mankumassa. Kyllä se yliopiston hallitus *pääsyyllinen* on. Ne katsoo vain omaan napaansa eivätkä välitä siitä, että heidän muutaman miljoonan säästönsä aiheuttaa Uusilinnalle ja koko valtakunnalle sadan miljoonan tappiot.

– Niin, ja se hallituksen puheenjohtaja se varsinainen *haukka* on. Kuulin radiosta, kun siltä kysyttiin, eikö tätä siirtoa voi perua, jos valtio antaa yliopistolle lisää rahaa. – Ei peruta, ei millään rahalla, tuo *hyväkäs* napautti. Eipä tainnut hoksata, että moinen epädiplomaattisuus nostaa normaalin tuomenmaalaisen karvat pystyyn ja laskee yliopiston PR-pisteitä. – Ei ihme, jos hakijoista on puutetta. Minä en sinne ainakaan mene; onhan näitä yliopistoja muuallakin. Ja kun kerta rahaa ei puutu, niin on turha tinkiä valtiolta lisäeuroja heidän suunnittelemiinsa uusiin opiskelija-asuntoihin ja opetustiloihin. Eikä siellä kuulemma ole Uusilinnan veroisia teknisen työn välineitä eikä tiloja. Etsivät hylätyistä homekouluista vanhoja ruuvipenkkejä ja teroittelevat ruosteisia temmejä ja puukkosahoja. Koulutusta tarjotaan sitten *Vintage*-ohjelman nimellä.

– On siinä hallituksessa monenlaista tallaajaa. Eivät taida kaikki paljon yliopistoasioista ymmärtääkään, ainakaan laajemmassa mielessä. On vaan hienoa olla hallituksessa, eivätkä kokouspalkkiotkaan varmaan ole ihan vähäiset. Kuuluu siellä olevan mukana joku *hengenmieskin,* mikä lie entinen rovasti. Eikö edes hänen tulisi pitää pienemmän ja heikomman puolta? Ettei kävisi niin kuin kuningas Daavidille, joka ryösti itselleen toisen miehen vaimon, Batseban, ja Jumala sitten rankaisi Daavidia. - Oli

44

kai siinä naisessakin vikaa, kun se hilasi kylpyammeensa puutarhaan ja keikoili siinä, kun tiesi kuninkaan tirkistelevän häntä linnansa katolta. Ja pian pantiin alulle kuuluisa kuningas Salomo.

– Se se vasta kova pukki oli, kun sillä sanotaan olleen tuhat vaimoa, jalkavaimot mukaan laskettuina. – Ehkäpä elämä rankaisee tätä Joenmutkan kampustakin, kun ryöstävät köyhän miehen viimeisen karitsan. Taitaa olla yhtä herkullinen *saalis* kuin Batseba aikanaan. Sen toisen karitsan, Uusilinnan Kielineuvolan, ne veivät jo kymmenkunta vuotta sitten, kun eivät omillaan toimeen tulleet. Millähän oikeudella ne sen veivät, eihän tämä kuuluisa uusi yliopistolaki autonomioineen vielä silloin ollut voimassa? Kuulin muuten äskettäin, että Joenmutkassa joku professori tutkii *häpeään* liittyviä asioita. Toivottavasti kaikki lukevat sen tutkimuksen ja oppivat häpeämään. - Taisi tulla tämäkin tutkimus liian myöhään. – Tiedätkö muuten, mikä on Joenmutkan yliopistoväen *suosikkilaulu* nykyään? – No mikä? – OKL mielessäin!

– Ei tunnu kielten osasto kovin porskuttavan, ainakin germaanisten kielten laitoksen sanotaan surkastuvan. Ei kannettu vesi kaivossa pysy. Osa porukasta jää eläkkeelle ja jotkut pakenevat ulkomaille varmemman tulevaisuuden toivossa. Lihavina vuosina *haalivat* yliopistoon kaikki mahdolliset oppiaineet. Olisihan suunnittelijoiden pitänyt hoksata, että germaanisten kielten tarve oli jyrkästi laskenut koko Tuomenmaassa. Ei näet teutonien eikä goottienkaan tarinoiden tutkimuksilla ole enää paljon kysyntää. Mutta kun oli ilmeisesti sopivia henkilöitä ilman virkaa. Olisi pitänyt kaukonäköisesti *satsata* vaikkapa korean kieleen ja arabiaan, niin nyt maamme voisi antaa arvokkaan panoksen diktaattorien ja kiihkouskovaisten kanssa käytävissä neuvotteluissa, ja YK-joukoillemmekin voitaisiin antaa perustiedot kyseisissä kielissä.

– Kun ei vain kävisi meidän mainiolle OKL:le yhtä köpelösti kuin Kielineuvolallekin siellä Joenmutkassa, ellemme nyt sitten vielä pysty ryöstöä torjumaan. On ainakin porukkaa liikkeellä. Mennäänpä oikein sanankuuloon!

Outoa henkilöstöpolitiikkaa

– Olipa siinä *valistuneita* opiskelijoita, tuumin minä, Jeremias, nyt jo eläköityneenä eli emerituksena. Olin kiinnostuneena astellut opiskelijoiden varjona pääkatua pitkin. Olihan siellä Joenmutkan kampuksella esiintynyt monenlaista sydämen sivistyksen ja psykologisen silmän puutetta vuosien varrella. Omakohtainen ankea kokemus oli, kun minulle ilmoitettiin myönnetyn *ansiomerkki* monivuotisen palvelun johdosta ja kutsuttiin juhlalliseen luovutusseremoniaan. – Voinko tulla rakkaan vaimoni kanssa vastaanottamaan tuon hienon huomionosoituksen? – Valitettavasti meillä ei ole tilaa seuralaisille, kuului vastaus. – No lähettäkää sitten se merkki postissa. Ja posti toi luotettavasti uutuuttaan hohtavan prenikan perille.

Jonkin ajan kuluttua kampuksen tiedotuslehdessä kerrottiin Joenmutkassa järjestettävän koulutusta perheneuvojille perheen ja työpaikan välisten siteiden lujittamiseksi. Oma armaani purskahti nauramaan: – On varmaan pitänyt hommata asiantuntijat jostain muualta, kun ei nämä hyväkkäät missään vaiheessa ole huolineet avecia (eli kumppania) järjestämiinsä tilaisuuksiin. Milloin ei ole *tilaa* seuralaisille, milloin ei *varaa* tuplatarjoiluun. Toisenlainen kulttuuri oli Viljakylän yliopistossa. Kun professori piti kutsut henkilöstölleen, niin sinne toivotettiin tervetulleeksi nuorimmankin assistentin puoliso.

Hienot puitteet mielenosoitukselle

Näistä vähän apeista ajatuksista valpastuin nykyhetkeen. Uusilinnan torilla vallitsi oikea *karnevaalitunnelma*. Tori ja sen ympäristö kiehui kansaa mustanaan. Kahviloissa tekivät lörtsyt kauppansa, ja torille rakennetulla lavalla soi vetävä musiikki. Esiintymään oli lupautunut korvauksetta nimekäs muusikko ja rallintekijä, entisiä OKL:n kasvatteja hänkin. Laulut ja mukavat sutkaukset nostivat tunnelmaa entisestään. Oltiin sitä mieltä, että periksi ei anneta ja joenmutkalaisille vielä näytetään.

Kaupungin tekninen lautakunta oli luonut hyvät puitteet. Puolitoista metriä korkea esiintymislava oli timpuroitu kakkosnelosista, jotta se kestäisi *painavampienkin* ministerien ja kansanedustajien askeleet. Äänentoisto oli viimeisen päälle: musiikki ja puhe kantautuivat aina linnan muureille saakka. Satunnainen ohi uiva norppa vähän luimisteli korviaan ja teki pitkän sukelluksen syvemmälle.

Myös kaupungin toimiva johto oli valmistautunut tilaisuuteen huolellisesti. Sanavalmiina tunnettu, hyvä kaupunginjohtajamme oli valtuutettu tilaisuuden juontajaksi, ja hänellä olivat *kysymykset* valmiina revolverihaastatteluja varten. Paikalle oli kutsuttu ministereitä ja kansanedustajia kaikista tärkeimmistä poliittisista ryhmittymistä. Joenmutkan kampuksen edustajat eivät olleet *uskaltaneet* tulla, koska heidän historian asiantuntijansa olivat saaneet selville, että Uusilinnassa oli 1600-luvulla pyöritelty naapurikaupungin neuvottelijat tervassa ja höyhenissä, kun he olivat kieltäytyneet maksamasta silloin kaupungin rajalla voimassa olleita tullimaksuja.

Päättäjien hiillostusta

Arvata saattoi, etteivät myöskään *vastuuministerit* saapuneet paikalle, muihin kiireisiinsä vedoten. Pääministeri oli sentään lähettänyt lähimmän avustajansa, jonka paikalla oleva yleisö risti seuraneidiksi. Hän saikin ensimmäisenä puheenvuoron, ja teki sen todella näyttävästi, *lehahti* mikrofonin ääreen ja alkoi messuta: – Hyvää päivää, uusilinnalaiset! Te olette lähteneet mahtavalla joukolla puolustamaan oikeaksi näkemäänne asiaa. Niin pitääkin. Teidän ääntänne ja viestiänne *kuullaan* pääkaupungissa, sen takaan henkilökohtaisesti.

Hyväsanainen kaupunginjohtaja esitti pääministerin edustajalle *tiukkoja* kysymyksiä: – Ottaako edustamanne Sentraalipuolue Uusilinnan asian ajaakseen, niin että tämä epäreilu siirtopäätös perutaan? Ottaako pääministeri henkilökohtaisesti hoitaakseen tämän asian? Seuraneiti punehtui kasvoiltaan (mikä sinänsä puki hänen vireää olemustaan) ja vastaili kiemurrellen, toistellen edelleen, että kyllä teidän ääntänne kuullaan. Epäilevät tuomaat huutelivat yleisön joukosta: – Kuullaan, kuullaan, mutta otetaanko *huomioon*! Seuraneiti sipsuttikin pian takaalalle, ikään kuin antaakseen vuoron seuraaville haastateltaville, ennen kuin sotkeutuisi sanoissaan kokonaan.

Hallituspuolueiden edustajat antoivat vältteleviä vastauksia, todeten asian oikeaksi, olevansa henkilökohtaisesti sen puolesta ja vievänsä viestin eteenpäin omalle ryhmälleen. Oppositiopoliitikot sen sijaan olivat täysin *vakuuttuneita* hyvän kaupunginjohtajan kysymysten aiheellisuudesta ja oikeellisuudesta. Yhteiskuntademokraattisen puolueen (YDP:n) edustaja kertoi heidän ministerinsä estäneen vastaavan hankkeen edellisellä kerralla. – Miten se oli mahdollista? kysyi kaupunginjohtaja. – Ministeri vaati yliopistoa lisäämään tulossopimukseensa yhden lauseen: Opettajankoulutuksen painopisteisiin kuuluu toiminnan kehittäminen Uusilinnan OKL:ssä, noin vapaasta muistista referoituna. Sama homma olisi nytkin ollut mahdollinen, mutta kun ei ollut *tahtoa*. Joenmutka sai silloin tingittyä pari miljoonaa vuodessa ylimääräistä. Nyt kannattaa ottaa selvää, onko raha myös *käytetty* alkuperäiseen tarkoitukseensa. Ellei, niin sillä voi olla tämän prosessin kannalta merkittäviä seurauksia. Määrärahaa ei ainakaan ollut tarkoitettu käytettäväksi yliopiston hallituksen päivärahoihin ja kokouspalkkioihin.

YDP:n edustaja sai *huikeat* kättentaputukset ja hyväksymisvislaukset sankalta yleisöltä sekä muutaman tuhat uutta äänestäjää puolueelleen. Politiikkaa seuranneet kuiskuttelivat toisilleen, että tässä kaverissa taitaa olla pääministeriainesta. Ja kun Sentraalipuolueen kannatusluvut ovat jo kääntyneet laskuun, niin ehkä uusi hallitus sitten *korjaa* tämän mokan, elleivät nämä nykyiset vallanpitäjät tule järkiinsä. Joku arveli hallituksen päätöksenteossa sattuneen paha virhe: Epäkokenut opastusministeri ei tainnut älytä, mikä paikallinen merkitys tällaisella ratkaisulla on, eikä pääministerikään enää uskaltanut puuttua jo tehtyyn ratkaisuun. Kyllä tämä menee Sinituuli-puolueen piikkiin, tämä muistetaan vaaliuurnilla. Todennäköisesti Joenmutkalla oli hallituksessa oma *edunvalvojansa,* joka oli toiminut takapiruna, näin pohti toriparlamentti.

48

Laihat tulokset

Vaikka pätevä kaupunginjohtaja oli pannut kaiken taitonsa liikkeelle ja saanut yleisön *hurraamaan* tiukoilla kysymyksillään, niin selkeää kannanottoa, kommunikeasta puhumattakaan, ei saatu aikaan. Ja myöhemmät vaiheet osoittivat, ettei se kansan ääni sittenkään kantanut pääkaupunkiin asti. Liekö viestinviejä unohtanut asian jo matkalla poiketessaan illanhämyssä valtatien varren *karaoke*baariin.

Tilaisuuden puitteisiin ja järjestämisen vaivannäköön nähden tulokset jäivät *köykäisiksi*. Niinpä kaupungin varoja muutenkin tarkasti varjeleva kaupunginjohtaja päätti jättää tarjoamatta poliitikoille torin kalaravintolassa nautittavaksi suunnitellun *herkullisen* lounaan. Esiintymislavalta alas kavutessaan moni vieras muistelikin haikeana käyntiään kutsuvieraana Uusilinnan oopperajuhlilla ja sen kestitystä oopperalippuineen ja samppanjoineen. Jotkut kaivelivat pettyneinä kukkaroitaan ja alkoivat mutustella sinänsä mainion makuista lihalörtsyä.

Minä, Jeremias, tuumailin pää painuksissa maailman menoa. – Miten on mahdollista, että muutama vuosikymmen sitten samassa asemassa olleiden opettajaseminaarien kehitys on ollut niin erilainen: Joenmutkan seminaari syntyi vuotta myöhemmin, se oli pikkuveli, mutta nyt se näyttää nielaisevan veljensä kuin *susihukka* Punahilkan. Eikö maailmassa ole enää mitään häpyä eikä solidaarisuutta? Joenmutka sai yliopiston *lahjaksi.* Eikö hyvän pitäisi antaa kiertää, suoda toisellekin jotain? Ei näköjään, on se niin kieroutunutta peliä tämä yliopistomaailma, alma mater (lempeä äiti!). Luulin minä Kalaveden ja Joenmutkan liittoneuvotteluissa vannotun kolmen kampuksen periaatteen pitävän. Muodollisesti kaappauksen teki mahdolliseksi uuden yliopistolain autonomia-periaate (taisi Aleksanteri I:n autonomia olla parempi). Valtio pesi kätensä asiassa kuin Pilatus aikoinaan, annetaan yliopiston tehdä likainen työ, saada kurat niskaansa. Eikä Kakola pienistä rutinoista välitä.

– Olisin minä Kalavedeltä sentään odottanut enemmän näkemystä, pientä jarrumiehen osaa Joenmutkan kohelluksessa, mietiskelin allapäin. Mutta

49

söihän Hitlerkin sanansa hetikohta sopimusten allekirjoittamisen jälkeen. Eivätpä taaskaan teoria ja käytäntö kättä lyö eikä etiikasta ja moraalista tunnu haisuakaan. Luulisi Joenmutkan yhdistyneiden, idän ja lännen teologien muistavan, miten kävi miehelle, joka sai mahtavan velkansa anteeksi mutta joka hyökkäsi hetipian oman velallisensa kurkkuun. Mutta ei taida teologeilla olla sananvaltaa hallituskammareissa, ja emerituksilla saattaa jo rattaat pyöriä tyhjäkäynnillä. Jos olisin nuorempi, niin lähtisin Joenmutkaan opiskelemaan lakia ja tekisin luennoilla *hankalia* kysymyksiä ja laatisin ylioppilaskunnan juhliin pilkkalauluja. Tutkisin nämä vanhat jupakat perin pohjin, osaisin puolustaa näkemyksiäni käräjäoikeudessa ja laatia tarvittaessa valitukset ainakin hoviin asti.

Kärpäsenä katossa hallitussalongeissa ja vähän muuallakin

Miten Uusilinnan kohtalo oli ratkaistu maan hallituksen tasolla, sitä pääsin minä, Jeremias, seuraamaan kärpäsenä katossa (uskokoon ken haluaa):

Joenmutkan yliopiston edustajien käytyä epäkokeneen opastusministerin kanssa tulosneuvotteluissa hän meni *oitis* raportoimaan tuloksista pääministerille. – No miten teillä sujui? – Koko ajan ne jankuttivat, että Uusilinnan OKL pitää saada siirrettyä Joenmutkaan, muuten heille käy höpelösti; tarkempia perusteluita oli monta A-nelosta. Ja kun ne olivat niin itkuisen näköisiäkin, niin enhän minä voinut mennä kieltämäänkään.

– Tuohan on vanha kikka. Kuulin vastikään, että neuvottelijat olivat osallistuneet jokavuotiseen itäkurjalaisten *itkijänaisten* järjestämään kurssiin Riemusaaressa, ja saaneet siitä vielä kiitosmaininnalla varustetun todistuksen aktiivisesta osallistumisestaan. – No ilmankos! Ihan heiltä kyyneleet herahtivat silmistä, kun minä kysyin, etteikö tässä löydy mitään muuta ratkaisua. Mutta *rahallista* tukea en luvannut, vaikka heillä oli jo lomakkeet täytettynä viidenkymmenen miljoonan rakennusavustusta varten. Sanoin että tehän olette jo radiossa kuuluttaneet, että raha ei tätä siirtoa estä. Niin että kaivelkoot vain Joenmutkan grynderit kuvettaan,

50

jos heillä ei asuntolapaikat eikä luentosalit riitä. Mitä järkeä siinä on, että toisella paikkakunnalla joudutaan purkamaan rakennuksia ja toiselle pitäisi pystyttää uusia seiniä! Näin minä pidin Uusilinnan puolia. Toinen suupieli heillä oli mutrussa, kun sulloivat lähtiessään papereita attaseasalkkuihinsa.

Siihen *parahti* pääministeri: – Kyllä nyt tuli ongelmallinen tilanne! Me kun juuri sovimme isojen poikien palaverissa, ettemme puutu yksittäisten ministerien päätöksiin, vaan annetaan jokaisen kokeilla siipiään ja kartuttaa kokemustaan. Mutta nyt taisi tulla kalliit siiveniskut, koska Uusilinna varmasti vaatii kovaäänisesti korvausta menetyksistään. Eikä tämä muutenkaan käy yksiin Sentraalipuolueen tasapuolisen aluepolitiikan periaatteen kanssa. (– Ei niin, tuumaa opastusministeri itsekseen, tuolillaan kiemurrellen.) – Että olepa jatkossa *tarkempana* ja käy tarvittaessa konsultoimassa ennen isoja päätöksiä! Nyt kyllä sinun täytyy polkaista pikavauhtia työryhmä selvittämään asiaa. – Tapahtuu viivyttelemättä, lupasi ministeri keräillessään papereitaan ja peräytyessään hieman hämmentyneenä pääministerin työhuoneesta. – Onneksi selvisin näin vähin moittein, hän tuumiskeli puuteroidessaan nenäänsä hallituksen naistenhuoneessa. Sitten hän tarmoa uhkuen laati lehdistötiedotteen heti jakeluun: Uusilinnaa *komprometoidaan* OKL:n menetyksen johdosta.

Aamun lehtiä lukiessaan Joenmutkan hillintäpäällikkö hieraisi silmiään nähdessään uutisen Uusilinnan komprometoinnista. – Niinhän se asia on, mutta ei sitä olisi pitänyt tuolla tavalla julki kuuluttaa, hän mutisi sivistyssanakirjaa selatessaan. – Soitanpa opastusministerille ja tarkistan asian. Ja eikun kännykkä korvalle ja keskustelemaan ministerin kanssa.

– Minkälaiset ilimat siellä piäkaupungissa on, tiälä se vuan aurinko paistaa ja elämä hymyilöö. – Niin varmaan hymyileekin, kun saitte päätökseen sen siirtoasian. – Siitä puheenollen: aamun lehdessä kerrottiin, että Uusilinnaa *komprometoidaan* OKL:n siirron johdosta. Oliko se varmasti oikea termi? Sivistyssanakirjan mukaan se merkitsee: "saattaa huonoon valoon, epäilynalaiseksi". – Ai todellako? Mutta jotain *kom*-alkuista sen

51

piti olla. Niinpä tietenkin: *kompensoidaan*, korvataan menetys. Nyt tässä on syntynyt väärinkäsitys, joka on heti oikaistava. Muuten tässä joutuu epäilyksenalaiseksi sekä Joenmutka (ministeri itselleen: – taitaisi syytä ollakin!) että Opastusministeriö.

Ministerillä alkoi kuumeinen mietintä. Että tulikin pinnattua latinan alkeista ensimmäisenä opiskeluvuotena! Ei tätä lehtiväen piikkiinkään voi panna – paras lienee tunnustaa kiireestä johtuvaksi lipsahdukseksi ja pyytää anteeksi. Siten ehkä kohu jää mahdollisimman lyhytaikaiseksi. Ja onhan tässä muillekin sattunut lipsahduksia, esimerkiksi *numeromuistin* osalta.

Esivallan asiantuntemus ja toiminta kyseenalaista?

Vähän luennoista ja hiukan yliopistolaista

Lukiessani epäkokeneen opastusministerin sekavia selvityksiä kielikömmähdyksestään minä, Jeremias, tuumin: – Tässähän menee jo *illuusiot* ja usko esivaltaan. Tulee mieleen aikoinaan käydyt työehtoneuvottelut, joissa mietittiin yliopisto-opettajien työn sisältöä ja palkkausta. Ongelmana oli tehdä selväksi, mikä on *luento*-opetusta, koska siitä maksettiin parempi korvaus kuin muusta tunninpidosta. Kun ei muuten päästy puusta pitkään, niin Opastusministeriön korkein virkamies teki oman ehdotuksensa: – Luentoa on sellainen opetus, jota annetaan tavallista *kovemmalla* äänellä. Ehdotuksen etuna hän piti sen selkeyttä ja ytimekkyyttä. Niinpä siitä sitten tuli valtakunnallinen ohjenuora ja virallinen klausuuli.

Asiassa ilmeni kuitenkin yllättäviä vaikeuksia. Kuin yhtenä miehenä / naisena opettajat alkoivat korottaa ääntään oppitunneillaan ja vaativat siitä palkanlisää uuteen sopimuskohtaan vedoten. Oli myös unohdettu määritellä tieteellisen tarkasti *desibeliraja*, josta alkaen lisäpalkkaa voisi saada. Jatkoneuvotteluissa sovittiin, että luennon voimakkuus olisi vähintään 70 mutta korkeintaan 90 desibeliä. Kaikkiin luokkahuoneisiin päätettiin hankkia desibelimittarit, jotta toiminta olisi *tasapuolinen* kaikkia kohtaan. Ratkaisusta tuli siis varsin hinnakas, mutta ainahan uuteen teknologiaan pitää varoja löytyä, muuten voi jäädä kansainvälisessä kehityksessä jälkeen.

Uudesta käytännöstä seurasi myös erinäisiä *sivuilmiöitä.* Terveysopin kurssilla luennoitsija kailotti vähimmäisdesibelirajan ylittävällä äänellä aiemmin salaisina, suorastaan *diskreetteinä* pidettyjä sukupuolielämään liittyviä ilmauksia ja tärkeimpiä ehkäisyneuvoja, joista myös käytävällä liikkuvat muut opiskelijat joutuivat osallisiksi. Varsinkin muslimeista ja katolisista vaihto-opiskelijoista tämä informaatio tuntui kiusalliselta. Kovaääninen opetus lisäksi häiritsi usein naapuriluokkaa, koska äänieristykseen ei monestikaan ollut ymmärretty satsata riittävästi ennen uutta käytäntöä. Myös terveyspuolella alkoi ilmetä ongelmia: Moni opettaja menetti äänensä pariksi kuukaudeksi ja joutui jonottamaan äänikuntoutukseen. Myös työkyvyttömyyttä aiheuttavia äänihuulten halvaustapauksia alkoi esiintyä. Lisäksi opiskelijoiden kuulo-ongelmat lisääntyivät hälyttävästi. Kaikki vaikutukset huomioiden taisi tämäkin uudistus tulla ylettömän kalliiksi.

Uskoani poliittisten päättäjien asioihin perehtymiseen horjutti myös Sinituuli-puolueen upouuden, joka-äidin-toivevävyn näköisen puheenjohtajan tarinat yliopistopolitiikasta. Itse asiasta kuultuna hän väitti uutta yliopistolakia aivan *verrattomaksi,* Tuomenmaan kansainvälisen menestyksen takaavaksi ponnistuslaudaksi. Varsinaiset asiantuntijat, professorit ja tieteentekijät ovat kuitenkin toistuvasti nimittäneet ko. lakia *katastrofaaliseksi,* koska se muun muassa keskittää päätösvaltaa entistä harvempiin käsiin; unholaan jäi entinen kollegiaalinen asioiden käsittely. Jokainen voi ratkaista itse tykönään, kumpaa tahoa uskoa tässä asiassa. Jos poliitikkojen perehtyminen asioihin yleensäkin on tätä tasoa, niin meidät perii …, niin mikähän?

53

70 kiloa makkaraa ja saman verran maisteria / tohtoria

Järkyttävältä minusta, Jeremiaasta, tuntuu se naiivi, lapsellinen, poliitikkojen ajatusrakennelma, että yliopistot ovat muka autonomisia, itsenäisiä, (vaikka rahoitus tulee valtiolta!) ja niitä pitää johtaa samalla tavalla kuin teollisuusyrityksiä. On toki selvää, että jos makkaratehdas valmistaa 70 kg lenkkimakkaraa, niin se määrä pitää saada markkinoitua ja tehtaalle pitää materiaalien, työpalkkojen ym. muiden kulujen jälkeen jäädä voittoa toiminnan pyörittämiseen. Jos makkaran kilohinta myynnissä on 10 euroa, niin raaka-ainekulut (liha, läski, kamara, rustot, jänteet, jauhot, mausteet) maksavat esimerkiksi 5 euroa, työpalkat, tilakustannukset ym. 2,5 euroa, jolloin voittoa jää 2,5 euroa eli 25%, ei hassummin! Kaikki voidaan *laskea,* 70 kilosta saadaan 700 euroa, rivin alle jää kunnon tulos, johto on bonuksensa *ansainnut.*

Mutta kun yliopisto alkaa *valmistaa* maisteria tai tohtoria (keskipaino noin 70 kg, naisilla ehkä vähän vähemmän), niin mikä on *raaka-aineen* (ylioppilaan) hinta? Siitä yliopisto ei maksa mitään, kustannukset on maksanut yhteiskunta (lastentarhan, esikoulun, peruskoulun, lukion kuluina) ja nuoren oma perhe. Mikä teollisuuslaitos saa raaka-aineensa ilmaiseksi? Miten muka teollisuusfirmaa ja yliopistoa voidaan johtaa samoin periaattein, tulostavoittein? Siinäpä poliitikoille ja yliopistolakien laatijoille miettimistä! Eivät maisterin valmistukulut ole yhtä selvästi laskettavissa kuin makkaran.

Valtio antaa (autonomisille!) yliopistoille tietyn määrärahan meidän veronmaksajien rahoista ja lisäksi tietynsuuruisen *tuotantopalkkion* jokaisesta maisterista, vaikkapa 700 euroa, jolloin *tuotteen* kilohinta (olettamamme keskipainon mukaan), hassua kyllä, on sama kuin lenkkimakkaran. Tohtorin tuotantopalkkio on tietysti ainakin kymmenkertainen. Nuo palkkiot ovat kuitenkin johtaneet suoranaiseen maisteri- ja tohtoritehtailuun (ja ehkä myös tason laskuun?), jolloin jokainen yliopisto yrittää ylittää sovitut tuotantotavoitteet *tuloksensa* maksimoimiseksi. Ne eivät kuitenkaan markkinoi tuotettaan, vaan kärsijäksi joutuu tuo raukka, elopainoltaan keskimäärin 70 kg, joka joutuu itse etsimään paikkansa, mikä ylituotannon vallitessa voi johtaa työttömyyskortistoon. Kalliisti koulutetut asiantuntijat vailla työtä! Mutta sehän ei ole yliopistojen murhe – he ovat hoitaneet tonttinsa ja *ylittäneet* tulostavoitteensa. Liiketalouden käytännön mukaan ainakin johtoportaan pitäisi saada bonuksia ja optioita. Mutta mitä jää viivan alle, miten tulos lasketaan, mikä on kansantaloudellinen hyöty?

Tämänkin esimerkkitapauksen valossa lienee selvää, että liike-elämän ja yliopistojen toiminnan suora vertailu ei ole mielekästä. Yritetään vetää mutkat suoraksi ja *rinnastaa* asioita, joita ei voi verrata toisiinsa. Seuraavaksi ministeriöissä voitaisiin kokeilla vaikkapa ympyrän neliöimistä tai ikiliikkujan valmistamista – työtä ainakin riittäisi. Esimerkiksi koulujen opetussuunnitelmat pitää muka uusia vähintään viiden vuoden välein, ja mikäs on uusiessa, kun lopullinen suunnittelutyö pannaan opettajien harteille. Onhan niillä ne pitkät kesälomat...

Yksi selitys tähän suorastaan koomiseen puuhailuun lienee se, että ainahan pitää tehdä uudistuksia, jotta ministeri ja virkamies voisi tuntea *ansainneensa* palkkansa, muuten kansa voi luulla, että ne mukavissa työhuoneissaan vain lonkkaa vetävät. Rapakon takaa kyllä löytyy meillä vielä kokeilemattomia oppeja, vaikka ne siellä olisikin jo todettu vanhentuneiksi.

Hukkainvestointeja ja puuttuvia makuelämyksiä

Tuomenmaan kurja talousjamakaan ei ollut mikään ihme. Oltiin tehty investointeja, joita ei osattukaan käyttää suunni-tellulla tavalla tai jotka osoittautuivat peräti *turhiksi*. Ja pienistä puroista se talouden alamäkikin syntyy. Otetaanpa esimerkiksi liikenteen *sujuvoittamishanke* rakentamalla uusi valo-ohjattu risteys ajattelevine liikennevaloineen ja vapaasti oikealle kääntymisineen. Miljoonat saatiin budjettiin, työt käynnistyivät vauhdilla ja lopputulos sai kiitosta käyttäjiltään. Mutta ei aikaakaan kun valmistui toinen, vielä kauemmin lobattu ja megaluokan budjettia vaativa liikennesuunitelma: rakennetaan salmen yli niin *korkea* silta, että jopa purjeveneet pitkine mastoineen mahtuvat sen alitse eivätkä sillan nostojen takia lamauta liikennettä pahimpaan ruuhka-aikaan. Ikävä piirre asiassa oli vain se, että vähän aikaa sitten valmistunut mainio valoristeys jäi sillan alle ja siihen uhratut miljoonat joutuivat haaskioon. Olisipa kannattanut tehdä kokonaissuunnitelma aikaisemmin!

Toinen esimerkki valtion varojen *löyhästä* käytöstä oli suunnitelma sujuvasta länsi-itä-rautatieyhteydestä, joka mahdollistaisi esimerkiksi nykyään suurta huutoa olevat kansainväliset ruokamatkat, tutustumisen eri maiden ja maakuntien *makuelämyksiin*. Asiantunteva työryhmä oli jo kerännyt edustavan valikoiman erikoisia ja eksoottisuudellaan varsinkin ulkomaisia turisteja kiehtomaan tarkoitettuja herkkuja: rössypottua, poronkäristystä puikulaperunoiden kera, klimppisoppaa, kala- ja lanttukukkoa, kurjalanpaistia, sultsinoita, supukoita, kurjalanpiirakoita, lörtsyjä. Näistä monia voitaisiin myös opetella tekemään ravintolavaunun hyvinvarustellussa keittiössä. Rosvopaistin valmistus pitäisi kuitenkin jättää välietappien yöpymispaikkoihin, koska se vaatii varsin pitkän kypsymisajan. Saaristolaisten ehdottamat hapansilakat saivat sentään suoran hylkäystuomion. Nehän voisivat karkottaa koko gurmeeseurueen junasta: avatuista purkeista lähtee nimittäin mahtava eltaantuneen voin ja mädän kanamunan haju.

Tämä herkuttelevien turistien tulva kiskomatkoille ei suinkaan ollut ainoa talouden rattaisiin vauhtia panevista suunnitelmista. Puutavarayhtiöt suunnittelivat kiillottavansa *ekologista* kilpeään suuntaamalla kuljetuksiaan voimakkaammin raiteille ja samalla saavansa huomattavia kustannussäästöjä. Suunnitelmat kuitenkin kariutuivat Valtion Kiskotteluyhtiön (VK:n) ahneuteen: se määräsi niin huikeat lippu- ja kuljetushinnat, että kymmenien miljoonien ratauudistus käytännössä mitätöityi. Kiskot kiilsivät uutuuttaan, mutta junia ei vain kulkenut. Vielä vähemmän sen jälkeen, kun henkilöliikenne lakkautettiin uudistetulta rataosuudelta, *kannattamattomana*. Kyseessä oli klassinen ongelma: kumpi oli ennen, kana vai muna? Loppuiko liikenne matkustajien vähyyteen vai johtuiko vähyys harvoista junavuoroista ja kalliista tikettien hinnoista? Joka tapauksessa taas tuhlattiin neljäkymmentä miljoonaa euroa.

Nämä esimerkit ovat vielä *mini*luokkaa, jos niitä verrataan epäonnistuneisiin teollisuushankkeisiin (niissähän on aina riski olemassa: esimerkiksi kuvaputkiseikkailut) ja turhiin tukiaisiin. Tuoreisiin, kokoluokaltaan suuriin *puhalluksiin* voidaan laskea myös Uusilinnan OKL:n siirto Joenmutkaan. Ei voi kuin säälien ihmetellä sitä rahaministeriä, jonka laskuopin mukaan moinen teko on perusteltavissa valtion talouden kannalta. No, voihan olla, että hän kävi koulua silloin, kun *joukko-oppi* oli voimissaan ja hän (ja ehkä myös opastusministeri) laskee, että toinen OKL kuuluu *toisen* joukkoon.

Huolimatonta verovarojen käyttöä on esiintynyt myös *kaupunkien* hallinnossa. Voihan Änkeröinen, mitä käskytystä jouduimmekaan kestämään erään kaupungin diktaattorimaisen teknisen alan pampun puhutteluissa! Hänen hallintotapansa olivat ilmeisesti perua tsaarinajalta, ulkoisesta olemuksesta puuttuivat vain muhkeat riippuviikset ja komeat prenikat rintapielistä. Kun ystävämme ei saanut tahtoaan läpi vaikkapa urheilukentän pukeutumistilojen sijoituspaikasta, niin hän rakennutti ahtaan ja kalliin betonibunkkerin, ilmeisesti kolmannen maailmansodan varalta. Loppukatselmuksessa tuo hyväkäs päästi vielä räkäisen naurun:
– Tulipa ainakin koko määräraha käytettyä!

Pilkka voi kuitenkin käydä omaan nilkkaan. Kun sitten kaupungin organisaatiota säästösyistä kevennettiin, kävi ilmi, että *vanhanaikaiselle* johtamistyylille ei ollutkaan enää käyttöä. Tekninen ystävämme ei tietenkään joutunut kortistoon, vaan tarina kertoo, että hän löysi työpaikan jostain jokivarresta *lossi*vahtina, yövuorosta. Päivävuoron oli näet varannut vanhempi kollega, Rosvo Roope, tunnetusti voimakas persoonallisuus hänkin. Näin ollen Roope sai nukkua yönsä rauhassa (?) leskensä (!) vieressä.

Kompa-(kompensaatio)työryhmän taistelua ja taiteilua

Alkutunnustelua ja varjonyrkkeilyä

Tähdet olisivat voineet olla onnekkaammassakin asennossa silloin, kun synnytettiin *kompensaatio*työryhmä, joka sanakikkailun takia sai sittemmin kansan suussa nimen *kompa*työryhmä. Sen toimeksianto oli *haastava,* kun kunnon pääministeri oli luvannut Uusilinnalle täyden korvauksen sen kärsimistä vahingoista.

Toimielimeen nimettiin pari ministeriä ja toiset pari ministerien avustajaa. Siirtopäätöksen tehnyt epäkokenut ministeri tietenkin lähetti vain neuvonantajansa, ettei itse joutuisi kiusallisiin tilanteisiin. Uusilinnakin sai edustajansa, terävimmästä päästä kaupunginjohtajaa myöten, ja myös omia hyviä kansanedustajia tuli joukon vahvistukseksi. He vain olivat samassa tilanteessa kuin Hamlet aikoinaan: Ollako vai *eikö* olla? that's the question. Hallituspuolueiden edustajina he eivät käytännöllisesti katsoen voi potkia pääministeriä takamuksille, mutta aikoivat kyllä vedota hänen lausumaansa vahinkojen täydellisestä kompensaatiosta. Siinäkin kyllä muhi jo hyvän riidan ainekset, koska hallituksen tilaama selvitys (luonnollisesti, tarkoitushakuisesti?) päätyi huomattavasti pienempiin korvauslukuihin kuin Uusilinnan itse tekemät laskelmat. Myös maakunta sai edustajansa tähän sillekin tuikitärkeään tiimiin.

Työryhmän kokoustahti oli aluksi suhteellisen verkkaista (olisiko pitänyt lähteä Gardajärven maisemiin?), ilmeisesti ministeripuheenjohtajan kiireiden tai muiden selvittämättömien esteiden takia. Minä, Jeremias, tietenkin seurasin neuvotteluja tarkasti hyvien verkostojeni, telepaattisten kykyjeni ja *vilkkaan* mielikuvitukseni avulla. Kaupungin edustajat esittivät parhaana ratkaisuna sitä, että siirtopäätös yksinkertaisesti *peruttaisiin,* olihan niin tehty monelle muullekin tämän hallituksen hätäiselle ratkaisulle. Näin säästyttäisiin turhalta ruljanssilta ja yhteisten rahojen haaskaukselta. Kokonaisuuden kannalta löytyisi vielä parempi ratkaisu: siirretäänkin Kaakonlaidan yliopiston (Kakolan) opettajainkoulutus *Uusilinnaan,* mikä toimenpide selvittäisi Joenmutkan hankalat tilaongelmat kertaheitolla. Kaupungin pätevät opettajat kyllä selviäisivät tästä haasteesta ja ovat luvanneet toimia tutoreina Joenmutkasta siirtyville kollegoille.

Tästä nousi ryhmässä heti kova äläkkä, niinpä puheenjohtaja esitti neuvottelutaukoa. Hyvät kansanedustajamme olivat *lähtökohtaisesti,* tai ainakin *tavallaan,* samaa mieltä kaupungin edustajien kanssa, mutta supattivat näiden korviin, etteivät heidän neuvotteluvaltuutensa riitä noin radikaaliin ratkaisuun. Politiikassa pitää säilyttää kasvot, ja selkävoitot kostautuvat myöhemmin. Parempi edetä pienin askelin ja tinkiä yksi hyvitys sieltä ja toinen täältä. Niin monta kömmähdystä on jo jouduttu korjaamaan, ettei tämä millään mahdu siihen listaan.

Tauon jälkeen kaupungin rehdit edustajat totesivat pitäneensä tekemäänsä ehdotusta *parhaana* tapana varjella valtion laihaa rahamassia, mutta olevansa kuitenkin valmiit keskustelemaan myös muista ratkaisumalleista, jotka oikeasti toisivat todellisen korvauksen tulossa olevasta jättivahingosta. Niinpä idearikkaat kansanedustajamme pääsivät esittelemään malliaan Uusilinnan *omasta* yliopistosta, jota eivät entiset isännät pääsisi näpelöimään, ellei sitten yliopistolakia taas rukattaisi uusiksi; sitä he eivät kuitenkaan pitäneet todennäköisenä näköpiirissä olevassa tulevaisuudessa. Kyse olisi verkostoyliopistosta, jossa jo nyt hyvää yhteistyötä Uusilinnan kanssa tekevällä Vilmanrannan yliopistolla olisi vahva rooli teknologian kehittäjänä. Mukana olisi tietenkin paikallinen ammattikorkeakoulu, erityisesti sen matkailu- ja terveydenhoitoala. Uusilinnan kesäyliopiston laajan verkoston kautta on jo solmittu yhteistyösopimuksia kiinalaisten opettajien ja matkailuihmisten jatkokoulutuksesta sekä myös terveysturismista, mm. keuhkojenpuhdistuskursseista rauhoittavassa järviluonnossa. Mahdollisuudet ovat näin ollen rajattomat. Kunhan vielä Sipirjan *ruupelin* kurssi nousee, niin sieltä on tulossa myös opinhaluista väkeä koulutukseen ja Uusilinnan etevän kirurgin kauneusleikkauksiin. Tässä mielessä kaupungin edustajat korostivat, että uusi rajanylityspaikka pitäisi avata pikaisesti, mutta ei kompensaatiorahoilla.

Tehty ehdotus herätti vilkkaan keskustelun, mutta sen laajakantoisuuden takia päätettiin jättää asia muun muassa sen vaatiman selvitystyön vuoksi hautumaan seuraavaan kokoukseen, johon tietysti odotettiin myös muita rakentavia ideoita.

Parkkipirkoistako pelastus?

Seuraavalla kerralla paikalle saapui opastuministerin sijainen *intoa* puhkuen. – Nyt on ehkä löytynyt idea, joka ratkaisee korvausongelman suurimmaksi osaksi, ellei sitten kokonaan. Koulutusalan paikkojahan on kaivattu, vai mitä? – Juuri niin, hihkaisivat muut tiimiläiset silmät toiveikkaina hehkuen. – No, Uusilinnassahan on viime kesinä toiminut pienimuotoisesti palvelu, jota laajentamalla ja sisältöjä syventämällä saadaan vastattua koko maan ellei sitten jopa maailmanlaajuiseen kysyntään. Kyse on *parkkipirkkojen* koulutusohjelman luomisesta täyttämään tyhjentyvät luentosalit. Nämä hyvän tahdon lähettiläthän jakavat lapuilla ilmaista pysäköintiaikaa ruuhkaisilla parkkipaikoilla. Yleinen hämmästys valtasi työryhmäläiset heidän kuullessaan ensi kertaa ministeriön visusti varjeleman salaisuuden. Jos se olisi päätynyt median julkaisemaksi ennen kokousta, niin vanhan käytännön mukaisesti idea olisi *ammuttu* alas alta aikayksikön. Ainahan löytyy kateellisia, jotka tieten tahtoen torppaavat hyvätkin projektit vain siitä syystä, ettei se ole "meidän puolueen / liiton / yhdistyksen / alaosaston " keksimä.

– Mutta riittääkö se korvaamaan lähes tuhannen OKL-opiskelijan poistuman? ähkäisi kaupunginjohtaja silmien mustuaiset laajenneina. – Saattaisi riittääkin, ainakin valtaosin. Parkkipirkkojahan ei ole läheskään kaikissa Tuomenmaan kaupungeissa, maailman metropoleista puhumattakaan. Voi olla, että ajan mittaan nykyiset koulutustilat voisivat jopa jäädä pieniksi suuren kysynnän vuoksi. Laajentamismahdollisuudet ovat lähes rajattomat. Koulutusohjelmaan voitaisiin lisäksi yhdistää oma suuntautumisvaihtoehto myös *lappuliisoille* lähinnä kotimaan tarpeita varten. Uusilinnassahan heidän toimintansa kuulemma on jo nyt tehokasta ja hyvin organisoitua.

– Entäs kun pirkkojen toiminta on vain *osavuotista*? kysyivät hyvät kansaedustajamme kuin yhdestä suusta. – Sen takia koulutus onkin suunnattava vastaamaan kansainvälisiä haasteita, vastasi avustaja lempeästi hymyillen (onneksi tämä käytiin ministerin kanssa läpi perin pohjin!). Jossain päin maailmaa on aina kesä, joten toimipaikkaa voisi vaihdella aina sen mukaan. Miltä tuntuisi työskennellä osa vuodesta Espanjassa, Madeiralla tai vaikkapa Thaimaassa? Siellä kaiken lisäksi toiminnan tarve on kokovuotista ilmaston puolesta. Nuorethan pitävät kansainvälisistä tehtävistä, joten koulutukseen olisi varmaan suoranaista *tunkua*. Uusien opiskelijoiden rekrytointitarvetta lisää vielä sekin, että vuotuinen poistuma todennäköisesti olisi kohtalainen. Onhan tunnettua, että ulkomailla työskentelevät Tuomenmaan hyvin koulutetut edustajat piankin korjataan parempaan talteen eli he avioituvat. Monissa maissa tämä tarkoittaa sitä, että he jäävät kotirouviksi hoitamaan kasvavaa lapsikatrastaan. Alahan on tunnetusti naisvaltainen, mutta tasa-arvon nimissä tottakai se on avoin myös miesopiskelijoille. Valtion uudet eläkesäännöt koskisivat tietysti myös parkkipirkkoja, vaikka tuskin se kaikille eläkevirka olisikaan.

– Tämäpä onkin aikamoinen *koulutusinnovaatio,* totesi puheenjohtaja-ministeri. – Mutta vastaa mainiosti hallituksemme profiilia: emme kaihda rohkeitakaan uudistuksia. Uusilinnassahan on päteviä pedagogeja runsaasti. Uuden koulutusohjelman suunnittelu antaisi heille sopivia haasteita, ja ehkä digiloikkakin voitaisiin yhdistää tähän, koska heillä on siitä jo vahva kokemus.

– Minkä *tasoinen* ja kuinka pitkä koulutuksesta tulisi? kysäisi joku rivityöryhmäläinen. – Kolmevuotinen ammattikorkeakoulututkinto (Amk), jonka voisi parin vuoden työskentelyn jälkeen laajentaa ylemmäksi Amk-tutkinnoksi. Ammatissa tarvitaan hyvä fyysinen kunto, (sitä voisi kehittää paikallisessa urheiluopistossa), hyvä kielitaito (koulutus Uusilinnan kesäyliopiston kursseilla) ja tietysti supliikkia eli kunnolliset sosiaaliset taidot, koska ollaan sentään tekemisissä ihmisten, ei pelkästään autojen tuulilasien, kanssa. Tarvittavat tiedot ja taidot voisi hankkia esimerkiksi nettiin räätälöidyillä psykologian kursseilla, joihin liitettäisiin ulkomaiset harjoittelujaksot. – Ammattikorkeakoulua ei sentään Joenmutka nykyisten lakien mukaan pystyisi muiluttamaan itselleen, tuumaili kaupunginjohtaja itsekseen.

– Mutta eikö maailman suurkaupunkien ilma ole niin pahasti *saastunut,* että se voisi olla meidän korkeasti koulutettujen parkkipirkkojemme terveydelle vaaraksi? kysäisi aikaisemmin työterveystarkastajana toiminut maakunnan edustaja. – Varsin aiheellinen näkökohta, totesi ministerin avustaja. – Moniin ammatteihin liittyvät omat vaaransa. Niiden minimoimiseksi pitää tässä tapauksessa koulutukseen ilman muuta sisällyttää työterveyden ja ympäristöhygienian laajat kurssit. Vaativissa oloissa yhtenäiset työjaksot eivät saisi olla kahta tuntia pidemmät, ja työvarustuksiin kuuluisi luonnollisesti *kaasunaamari.* Työasusta puheen ollen, siinä pitää ottaa tarkasti kyseisen maan kulttuuri huomioon. Kaikkialla ei tietenkään voi potkulautailla meillä vain silmän iloksi ymmärretyissä minisortseissa. Burkan käyttöön ei kuitenkaan ketään saisi pakottaa.

Loppujorinoita

– Onpa *hienosti* mietitty ehdotus, kehaisi puheenjohtaja. – Entäs se meidän viimekertainen ehdotuksemme Uusilinnan omasta verkostoyliopistosta? utelivat hyvät kansanedustajamme. – Taitaapa jäädä toteutumatta, sillä se vaatisi eduskunnan enemmistön kannatuksen. Alustavan kyselyn perusteella sellainen laki ei menisi läpi, kaatoi puheenjohtaja kylmää vettä aloitteen tekijöiden niskaan. – Ja olisihan se yksikkö niin pienikin, aivan vastoin hallituksemme peruslinjauksia. - Ei pienuus ole haitta, vastustivat kansanedustajat. – Pieni voi olla *ketterä,* monet dosentit ja professoritkin ovat sen todenneet. Kyse on yhteistyöverkostoista, ei niinkään mahtavista tiiliseinistä. Aiomme jatkaa mielipiteiden muokkausta aloitteemme hyväksi.

Kokouksen lopuksi puheenjohtaja tiivisti tähänastisen työskentelyn annin: – On tehty kolme ehdotusta: OKL:n siirron peruuttaminen, oman yliopiston perustaminen ja kolmantena uusi, innovatiivinen parkkipirkkojen koulutusohjelma. Seuraavaan kokoukseen mennessä ehdotusten tekijät voivat vielä *spesifioida* eli tarkentaa ideoitaan, minkä jälkeen toivottavasti voimmekin laatia työryhmämme loppuraportin pääministerille luovutettavaksi. Aikahan tässä alkaa käydä jo vähiin. Vielä muistutan, että kaikki keskustelumme ovat täysin salaisia, ennen kuin loppuraportti on kokonaan valmis.

Kompa-/kompensaatiotyöryhmän viimeisessä kokouksessa vallitsi *jännittynyt* tunnelma. Oman yliopiston kannattajat totesivat voivansa sisällyttää parkkipirkkokoulutuksen yliopistonsa suuntautumis-vaihtoehdoksi, mikäli heidän ehdotuksensa toteutuu. Opastusministeri puolestaan oli lähettänyt viestin, että salaisten kansainvälisten yhteyksiensä kautta hän oli saanut tietää pirkkojen koulutuksen herättäneen maailmalla vähintään yhtä suurta kiinnostusta kuin äitiyspakkaukset. Ajan mittaan voitaisiin ehkä järjestää myös alan kansainvälistä koulutusta Uusilinnassa. Näin ollen hän piti tätä ratkaisua toimivimpana ja toteutuskelpoisimpana. Kaupungin edustajat pitivät kahta mainittua ehdotusta oikeansuuntaisina, mutta painottivat yksimielisesti, että jos muuten ei täyttä korvausta saada, niin he vaativat siirtopäätöksen peruuttamista vaikka kansainvälisten oikeusistuinten kautta. Näin ollen osallistujat suostuivat allekirjoittamaan loppudokumentin vasta, kun se päätettiin muotoilla *ehdollisena*. Jokaisen ehdotuksen perustelut esiteltiin oheistettuina liitteinä.

Viime hetken ideana Uusilinnan edustajat esittivät (opastusministerin salaisten tietojen innoittamina), että kaupunkiin perustettaisiin yhdistetty äitiyspakkaus- ja astioiden kuivauskaappitehdas, koska näille tuomenmaalaisille innovaatioille olisi ilmeisesti kansainvälistä kysyntää, kunhan markkinointi organisoitaisiin kunnolla. Muualla maailmassa astiat joudutaan tiskin jälkeen kuivaamaan käsin, eikä ainakaan kehitysmaissa ole käytössä astianpesukoneita. Tämä idea luvattiin ottaa mukaan loppuraporttiin, kunhan siitä saadaan tarkka kirjallinen esitys perusteluineen.

Mitä sitten kaikista näistä ehdotuksista *seuraa*, vai seuraako mitään? jäi

63

minulle, Jeremiaalle, epäselväksi. Ytimekkäimmin tilanteen ehkä kuvasi yliopiston hallituksen hengenmies toteamalla: – Ei hylkää vaikka koettelee Herra. Jättäkäämme Uusilinna Hänen haltuunsa! Johon yhtyi hallituksen puheenjohtaja, harras ortodoksi ja säännöllinen kirkossakävijä: – Tämä on viisautta!

Päätökseksi

On ihana toukokuun aamu, peräti äitienpäivä. Aurinko paistaa ja kimalaiset pörräävät omenapuiden kukissa. Olen tuonut rakkaalle vaimolleni aamukahvin ja leipomaani täytekakkua vuoteeseen. En ole enää moneen viikkoon nähnyt väliin jokaöisiä, monesti painajaismaisia *unia*, joissa Jeremias Änkeröinen on kertonut kokemuksistaan mielikuvitusmaailmassa. Onneksi Suomessa ei ole sellaista. Mehän elämme yhdessä maailman *vähiten* korruptoituneessa maassa, jonka koululaitosta ihaillaan kaikkialla, vaikka suorituskäyrät ovatkin laskussa ja lukutaito heikkenemässä. Luotamme poliisiin ja presidenttiin vankkumatta. Poliitikot ovat rehtejä, eihän eduskunnassakaan saa valehdella. Hallitus on kylläkin kokematon ja kompuroi jatkuvasti ennätysmäisen suurissa hankkeissaan. Olisikin mukava tietää, millä perusteilla ministerit on valittu.

Yliopistoissamme lentävät ajatukset ja ideat vapaasti, ja kun turhat rönsyt (toisin sanoen maakuntayliopistot) saadaan *karsituiksi* pois, niin keskitetyiltä ylimmiltä opinahjoiltamme voimme odottaa suuria. Luottamus kollegoihin on horjumaton, yhteistyöhenki vankka eikä kaveria jätetä. Kaikkien pitäisi seuraavalla viisivuotiskaudella mahtua maailman viidenkymmenen, vähintään sadan parhaan yliopiston joukkoon. Suuruuden ekonomian perusteella näin on perusteltua uskoa.

Uusia innovaatioita odotellaan ja digiloikkaan luotetaan. Ovathan lääkereseptitkin jo muuttuneet *elektronisiksi*. Työpaikat ovat tosin vähenemään päin, mutta verotulojen uskotaan kasvavan, kun korkeapalkkaiset erikoisosaajat saadaan maksamaan veronsa ilman

64

yhtiökikkailuja ja kun varakkaat eläkeläiset palaavat kuivuudesta kärsivistä Portugalista ja Espanjasta kotimaan verottajan helmaan. Ne jotka olosuhteiden pakosta eivät työllisty normaalisti, saavat perustuloa ja voivat täydentää sitä sopivilla keikkahommilla.

Voisivatko tulevaisuudenodotukset enää ihanammat olla? Onnea satavuotias Suomi-neito!